U0482020

中社智库 中国国家智库报告 2016(41) National Think Tank
法治指数与法治国情

政府采购透明度评估报告
(2016)

中国社会科学院法学研究所　国家法治指数研究中心
　　　　　　　　　　　　法治指数创新工程项目组　著

ASSESSMENT REPORT ON TRANSPARENCY OF GOVERNMENT
PROCUREMENT IN CHINA (2016)

中国社会科学出版社

图书在版编目(CIP)数据

政府采购透明度评估报告.2016/中国社会科学院法学研究所国家法治指数研究中心，中国社会科学院法学研究所法治指数创新工程项目组著.—北京：中国社会科学出版社，2016.10

（国家智库报告）

ISBN 978－7－5161－9119－4

Ⅰ.①政… Ⅱ.①中…②中… Ⅲ.①政府采购制度—研究报告—中国—2016 Ⅳ.①F812.45

中国版本图书馆CIP数据核字（2016）第252561号

出 版 人	赵剑英
责任编辑	王 茵
特约编辑	王 琪
责任校对	王 斐
责任印制	李寡寡

出　　版	中国社会科学出版社
社　　址	北京鼓楼西大街甲158号
邮　　编	100720
网　　址	http://www.csspw.cn
发 行 部	010－84083685
门 市 部	010－84029450
经　　销	新华书店及其他书店
印刷装订	北京君升印刷有限公司
版　　次	2016年10月第1版
印　　次	2016年10月第1次印刷
开　　本	787×1092　1/16
印　　张	6.25
字　　数	65千字
定　　价	29.00元

凡购买中国社会科学出版社图书，如有质量问题请与本社营销中心联系调换
电话：010－84083683
版权所有　侵权必究

项目组负责人：

田 禾 中国社会科学院法学研究所研究员、国家法治指数研究中心主任、法治指数创新工程项目组首席研究员

项目组成员：

吕艳滨 王小梅 栗燕杰 徐 斌 刘雁鹏
赵千羚 刘 迪 刘永利 庞 悦 周 震
宁 妍 徐 蕾 宋君杰 等

主要执笔人：

吕艳滨 田 禾 刘永利 刘 迪 等

感谢为此次评估提供专业咨询和付出辛劳的机构与人士！

摘要：根据《政府信息公开条例》和政府采购信息公开相关规定，中国社会科学院国家法治指数研究中心及中国社会科学院法学研究所法治指数创新工程项目组开展了政府采购透明度的第三方评估。评估分析了3家中央级政府集中采购机构以及31家省级政府、93家地市级政府的财政部门与集中采购机构，公开政府采购的批量集中采购模式、协议供货采购模式、投诉处理及违规处罚结果信息的情况。评估结果显示，尽管评估对象普遍公开了招标公告、中标公告、投诉处理与违规处罚结果信息，且有的地方积极创新信息发布方式，但政府采购信息公开情况仍不理想，主要表现为地市级政府公开情况不佳，协议供货模式的信息公开情况不好，且普遍存在发布渠道混乱、信息更新不及时、信息内容不详细、部分重要信息未发布等问题。提升政府采购透明度，还需要不断提升行政机关对政府采购信息公开的认识，规范政府采购工作机制，完善政府采购信息发布平台建设，建立考核问责机制。

关键词：法治指数、第三方评估、政府采购、透明度、政府信息公开

Abstract: In accordance with the relevant provisions of the Regulation on the Disclosure of Government Information and regulations on the disclosure of information of government procurement, the CASS Center for the Studies of National Indices of the Rule of Law has carried out a third-party assessment of the transparency of government procurement in China. The assessment covers three centralized procurement agencies under the Central Government and the financial departments and centralized procurement agencies of 31 provincial-level governments and 91 prefectural-level governments and has analyzed the disclosure situation of government information by these government organs in the fields of bulk centralized procurement, procurement upon supply of goods by agreement, and the handling of complaints and investigation of violations. The assessment shows that government agencies covered by the assessment have generally been able to disclose information about notices of invitation for bids, notices of winners of bids, the results of handling of complaints and investigation of violations, and some local governments have been actively innovating the methods of disclosure of information.

Nevertheless, the general situation of disclosure of government information in the field of government procurement is still unsatisfactory: the situation of disclosure of information by prefectural-level governments is poor, so is the situation of disclosure of information in the field of procurement upon supply of goods by agreement. Moreover, problems such as chaotic channels of disclosure, undue delay in updating the information, lack of details in disclosed information, and non-disclosure of some important information are prevalent. The report points out that, in order to increase the transparency of government procurement, it is necessary to continuously enhance government officials' awareness of disclosure of information in the field of government procurement, standardize the mechanisms of government procurement, improve the relevant information release platforms, and establish related evaluation and accountability mechanisms.

Key words: indices of the rule of law; third-party assessment; government procurement; transparency; disclosure of government information

目 录

一 评估的对象、内容和方法 …………………（6）
 （一）评估对象 ………………………………（6）
 （二）评估指标 ………………………………（7）
 （三）评估方法 ………………………………（18）

二 评估的总体情况 ……………………………（20）
 （一）总体得分情况 …………………………（20）
 （二）政府采购信息公开工作的主要亮点 ……（26）
 （三）政府采购信息公开存在的主要问题 ……（28）

三 各板块评估结果 ……………………………（36）
 （一）批量集中采购模式的信息公开情况 ……（36）
 （二）协议供货模式的信息公开情况 …………（45）

（三）投诉、处罚信息的公开情况 …………… (49)

四 对策建议 ……………………………………… (51)
 （一）提高对公开政府采购信息的认识 ……… (51)
 （二）规范政府采购活动和提升政府采购透明度
   同步推进 …………………………………… (53)
 （三）加强政府采购公开平台建设 ……………… (53)
 （四）加强政府采购信息公开的标准化
   建设 ………………………………………… (54)
 （五）建立社会评议及严格的考核问责
   机制 ………………………………………… (55)

五 余论：评估中发现的其他问题 …………………… (56)

附件一 本次评估的中央级政府集中采购机构及其
   采购模式 …………………………………… (63)
附件二 本次评估的省级政府集中采购机构及其
   采购模式 …………………………………… (64)
附件三 本次评估的地市级政府集中采购机构及其
   采购模式 …………………………………… (67)
附件四 关于做好政府采购信息公开工作的
   通知 ………………………………………… (79)

2002年,《中华人民共和国政府采购法》(以下简称《政府采购法》)的颁布,标志着中国政府采购步入迅猛发展阶段。据财政部国库司发布的消息,2002年,全国政府采购的规模为1009亿元,占全国财政支出的比重为4.6%;[①] 2014年全国政府采购规模增长为17305.34亿元,占全国财政支出和GDP的比重分别达11.4%和2.7%;[②] 2015年全国政府采购规模为21070.5亿元,首次突破2万亿元,比上年增加3765.16亿元,增长21.8%,占全国财政支出和GDP的比重分别达到12%和3.1%。[③]

政府采购(Government Procurement)是政府机关以

---

① 《财政部召开2013年全国政府采购工作网络视频会议》,2013年11月28日(http://gks.mof.gov.cn/zhengfuxinxi/gongzuodongtai/201311/t20131128_1017919.html,最后访问时间为2016年5月16日)。

② 《2014年全国政府采购简要情况》,2015年7月30日(http://gks.mof.gov.cn/redianzhuanti/zhengfucaigouguanli/201507/t20150730_1387257.html,最后访问时间为2016年5月16日)。

③ 《2015年全国政府采购简要情况》,2016年8月12日(http://gks.mof.gov.cn/redianzhuanti/zhengfucaigouguanli/201608/t20160811_2385409.html,最后访问时间为2016年8月13日)。

法定的方式、方法和程序，购买货物、工程或服务的活动。按照《政府采购法》的界定，政府采购是指各级国家机关、事业单位和团体组织，使用财政性资金采购依法制定的集中采购目录以内的或者采购限额标准以上的货物、工程和服务的行为。美国公共管理学专家史蒂文·凯尔曼教授曾在其《采购与公共管理》一书中指出，政府采购制度的经济效率原则就是采购主体力争以尽可能低的价格采购到质量理想的物品、劳务或服务，换言之，政府采购应以有效利用公共资金为前提。追求货币价值的最大化是各国实施政府采购制度的首要目标，即要求采购过程中既要节约使用财政资金，又要确保所采购商品、工程和服务的质量，实现性价比的最优。此外，政府采购还具有其他一些功能，如对国民经济进行宏观调控、扶持中小企业、加强环境保护、促进就业等。无论是从哪一项功能来看，政府采购都应当做到有效使用财政资金、规范采购行为并维护公平竞争的采购环境。

但是近年来，政府采购经常被曝出"天价采购""只买贵的""价高质次"等问题，还存在"在审批环节，为参与单位'私人订制'标准；在招投标环节，为参与单位'暗度陈仓'提供合法机制；在公告环节，让社会公众'雾里看花',难以实施监督"[①]等现象,容易滋生腐败,影响政府采购的健康有序发展。

由于政府采购具有公共性,其运行过程中存在的不规范乃至腐败的现状会严重影响社会公共利益和政府采购的公信力。因此,有必要公开政府采购的相关信息。首先,政府采购资金来源于政府财政收入,或是需要由财政资金进行偿还的公共借款,从根本上讲花的都是纳税人的钱,因此,这些经费是如何使用的,必须向社会做出充分的说明。这也是防止政府采购过程中滋生腐败所必需的。其次,政府采购本身具有公共政策功能,如节约财政支出、提高采购资金的使用效益、保护国内产业、保护环境、扶持不发达地区和中小企业、活跃市场经济、构建公平有序的市场环境等,这些功能的实现也需要最大限度地公开政府采购的全过程。我国相关法律、法规等对此也做出了明文规定。

(1)《政府采购法》中明确将公开透明作为政府采购制度的基本原则之一(第三条),并要求,除涉及商业秘密的外,政府采购的信息应当在政府采购监督管理

[①] 庄德水:《堵住政府采购腐败的黑洞》,《检察日报》2015年3月3日第五版。

部门指定的媒体上及时向社会公开发布（第十一条）。

（2）《政府采购信息公告管理办法》（财政部令第19号）还进一步规定，除涉及国家秘密、供应商的商业秘密，以及法律、行政法规规定应予保密的政府采购信息以外，有关政府采购的法律、法规、规章和其他规范性文件，省级以上人民政府公布的集中采购目录、政府采购限额标准和公开招标数额标准，政府采购招标业务代理机构名录，招标投标信息（包括公开招标公告、邀请招标资格预审公告、中标公告、成交结果及其更正事项等），财政部门受理政府采购投诉的联系方式及投诉处理决定，财政部门对集中采购机构的考核结果，采购代理机构、供应商不良行为记录名单，法律、法规和规章规定应当公告的其他政府采购信息都需要公开（第八条）。

（3）《中华人民共和国政府采购法实施条例》（以下简称《政府采购法实施条例》）也规定，政府采购项目信息应当在省级以上人民政府财政部门指定的媒体上发布，采购项目预算金额达到国务院财政部门规定标准的，政府采购项目信息应当在国务院财政部门指定的媒体上发布（第八条）。

（4）《中华人民共和国政府信息公开条例》（以下简

称《政府信息公开条例》)第十条第六款规定,县级以上人民政府及其部门应重点公开政府集中采购项目的目录、标准及实施情况。

(5)《关于印发2015年政府采购工作要点的通知》(财办库〔2015〕27号)也明确指出,要着力推进放管结合的政府采购监管模式,着力提升政府采购透明度。

(6)《关于做好政府采购信息公开工作的通知》(财库〔2015〕135号)则对做好政府采购信息公开工作提出了更为详细的要求。

为了推动政府采购信息公开工作,中国社会科学院国家法治指数研究中心及中国社会科学院法学研究所法治指数创新工程项目组对政府采购信息的公开情况进行了评估。本次评估将有助于公众了解中国目前政府采购信息公开的状况,也有助于通过公开的政府采购信息分析政府采购的规范性现状。

一 评估的对象、内容和方法

(一) 评估对象

本次评估共选取了三类对象。第一类为部分中央级政府集中采购机构。目前,中央一级共有六大政府采购中心,分别是中央国家机关政府采购中心、中共中央直属机关采购中心、全国人大机关采购中心、国家税务总局集中采购中心、海关总署物资装备采购中心、中国人民银行集中采购中心。其中,中央国家机关政府采购中心、中共中央直属机关采购中心、全国人大机关采购中心的采购量大、采购范围广、代表性强,因此,项目组选取上述三家采购中心作为此次评估的对象(见附件一)。第二类是省、自治区、直辖市(以下统称为"省级政府")的财政部门和集中采购机构(其列表及网站地址见附件二)。第三类为省与自治区下属的部分设区的市(含自治州)、直辖市下属的区县(以下统称为"地市级政府")的财政部门和集中采购机构。省与自治区的地市级政府包含三类对象:第一类为各省会及自治区首府所在城市。第二类为《中华人民共和国立法法》修改前规定的较大的市。除省会城市及自治区首府所在城市外,一个省内有多家较大的市或无较大的市的,项目组则依据通过公开渠道获取的各省、自治区 2013 年的统计数据,选择其国民生产总值(GDP)居前的城市。第三类则选择各省、自治区 2013 年 GDP 统计数据显示的居末位的城市。各直辖市下属的区县选择的是 2013 年 GDP 统计数据显示的居前两位的区县与居末位的区县。据此,本次评估的地市级政府共包括 93 家(其列表及网站地址见附件三)。

(二) 评估指标

对中央级政府集中采购机构、省级政府及地市级政府三级集中采购机构进行预调查后,项目组发现,各评估对象的采购模式适用不一,各具特色,无法用现有法律、法规中所规定的采购模式进行明确划分。在具体操作中,目前大致有两种模式。一种是将日常办公设备等标准化货物集中在一起进行公开招标、询价、电子竞价等。此种模式所具有的显著特点是:采购量大且集中、不指定品牌、竞争较为充分。第二种模式是在指定品牌的前提下,通过询价、电子竞价、协议等方式或者以电子商城、网上超市等名义进行采购。此种模式的特点是：可以指定品牌、项目较为零散、竞争相对不充分。本次评估暂且将上述两种采购模式分别称之为"批量集中采购模式"和"协议供货模式"。

本次评估以计算机、打印机、电视、空调等标准化货物的采购为样本进行评估和研究，工程、服务类采购活动均不在评估范围内。本次评估的内容包括批量集中采购模式的信息公开、协议供货模式的信息公开、投诉处理结果及违规处罚结果的公开，其权重分别为45%、45%、10%，总值为100分（见表1）。

表1　　　　　　　政府采购透明度评估指标体系

一级指标	二级指标	三级指标
批量集中采购模式（45%）	预公告（20%）	网站是否提供预公告（35%）
		预公告的征集意见（35%）
		预公告征集意见的反馈（30%）
	招标信息（40%）	招标公告（40%）
		招标文件（60%）
	采购结果（40%）	中标公告（30%）
		采购合同（30%）
		采购结果详细内容（40%）

续表

一级指标	二级指标	三级指标
协议供货模式（45%）	协议供货栏目（30%）	无
	入围结果（30%）	入围厂商（25%）
		入围价格（25%）
		价格调整规则（25%）
		优惠条款（25%）
	采购结果（40%）	无
投诉处理结果及违规处罚结果（10%）	投诉处理结果（50%）	无
	违规处罚结果（50%）	无

1. 批量集中采购模式的信息公开

批量集中采购模式一般针对一些通用性强、技术规格统一、便于归集的政府采购品目，采购人按规定标准归集最终使用单位的采购需求后，交由政府集中采购机构统一组织实施。此种模式较好地解决了协议供货模式下部分商品协议价格高于市场价、采购人任意选择高配机型、化整为零规避公开招标等问题。[①] 为了更好地规范批量集中采购，2011年7月，财政部在中央单位实施台式计算机、打印机批量集中采购制度。2013年，财政部

---

① 项目组2013年发布的《中国政府采购制度实施状况调研报告》（载《法治蓝皮书（2013）》，社会科学文献出版社2013年版）也显示，批量集中采购模式下成交的商品价格普遍低于同类型商品的市场价格。

印发了《中央预算单位批量集中采购管理暂行办法》（财库〔2013〕109号），在中央预算单位中推行批量集中采购制度。

本次评估的批量集中采购信息公开的指标包括预公告（权重为20%）、招标信息（权重为40%）、采购结果（权重为40%）三个方面的内容。需要说明的是，评估中项目组也对评标过程纪要的公开情况进行了观察分析，其虽有公开的必要，但由于目前法律、法规中暂无要求公开此类信息的明确规定，因此，本次只做统计分析，不赋予评估权重。

预公告是在正式开展采购前对批量集中采购的相关信息进行公开，以征询相关方面意见建议的制度设计。《政府采购法实施条例》第十五条第二款规定，采购需求应当符合法律法规以及政府采购政策规定的技术、服务、安全等要求，政府向社会公众提供的公共服务项目，应当就确定采购需求征求社会公众的意见；除因技术复杂或者性质特殊，不能确定详细规格或者具体要求外，采购需求应当完整、明确；必要时，应当就确定采购需求征求相关供应商、专家的意见。据此，政府采购应当事前向有关方面公告相关信息，征询其意见，其目的是通过听取各方意见，确保提出的采购需求、采购标准等符合实际情况，防止出现需求标准等设定不合理甚至违规的情形。首先，供应商或社会公众通过预公告可以了解招标信息和招标文件并对其中的疏漏或不足之处提出问题，招标代理机构或采购人可以及时回应或改正，以防影响政府采购活动的公平、公正；其次，预公告可以使供应商对采购项目有一定了解，提前做好竞标准备。实际中，不少地方已经开始尝试以"预公告"的方式对社会公开采购需求并征求社会意见建议。预公告板块主要评估各评估对象是否在政府采购信息发布平台公开预公告信息，是否就预公告向社会征集意见以及是否对通过预公告征集的意见做出反馈。

招标信息包括招标公告和招标文件。其中，招标公告主要评估各评估对象的政府采购信息发布平台是否公开了招标公告。招标文件是供应商获得招标信息的重要途径，因此招标文件应当具体、详细和全面。招标文件板块主要评估是否公开了招标文件、招标文件是否包含了所采购商品的需求标准以及评分标准等信息。政府采购项目的需求标准是指购买货物等的名称、数量、型号、技术参数等。公开需求标准，有助于供应商了解采购需求，判断采购活动是否存在地域或品牌歧视、是否存在指定品牌等违规操作行为，进而根据自身情况决定是否参与竞标以及准备竞标策略。评分标准是对竞标供应商及其竞标商品等进行评价的一种标准，是确定供应商、产品是否可以中标的准则。评分标准由评审专家掌握和裁量。公开评分标准有助于判断评审活动是否设定了不合理的条件、是否有指定特定厂商的主观标准等。

评标过程纪要记录的是评标的基本过程、评标过程中评标专家等各方面的意见以及最终的评标结论等。有观点认为，政府采购的评标过程涉及商业秘密，或者涉及评审委员会成员的人身安全，评标过程不宜公开。但是，评标过程是决定投标供应商是否可以中标的重要环节，评标过程的公开有助于让投标的供应商明了其未中标的原因，也会对参与评标的专家等形成一定的监督和制约。此外，在信息公开时可以通过对专家进行隐名处理的方式防止其权益受到侵害或者影响其客观公正地发表见解。但鉴于当前法律、法规等对此公开评标过程纪要尚没有明确的要求，本次评估仅对各地公开此内容的情况进行摸底。

采购结果板块主要评估是否公开了中标公告、采购合同，以及上述两项内容中是否披露了中标商品的规格、单价、数量以及是否公开了评审委员会名单。《政府采购法实施条例》第四十三条第二款规定，采购人或者采购代理机构应当自中标、成交供应商确定之日起 2 个工作日内，发出中标、成交通知书，并在省级以上人民政府财政部门指定的媒体上公告中标、成交结果，招标文件、竞争性谈判文件、询价通知书应随中标、成交结果同时公告。该条第三款规定，中标、成交结果公告内容应当包括采购人和采购代理机构的名称、地址、联系方式，项目名称和项目编号，中标或者成交供应商名称、地址和中标或者成交金额，主要中标或者成交标的名称、规格型号、数量、单价、服务要求以及评审专家名单。此外，《政府采购法实施条例》第五十条规定，采购人应当自政府采购合同签订之日起 2 个工作日内，将政府采购合同在省级以上人民政府财政部门指定的媒体上公告，但政府采购合同中涉及国家秘密、商业秘密的内容除外。依据《政府采购法实施条例》第四十三条、五十条的规定，采购代理机构应当公开详细的采购结果以及采购合同。一般来说，中标结果的详细内容应当包括中标货物的规格、单价、数量等。规格、单价、数量是中标货物的基本信息。规格是中标货物的配置情况，公布规格信息可以结合政府采购需求标准判断该规格是否符合需要。采购货物的单价是采购的核心要素，公开货物单价可以促使政府采购更加公平合理，防止"高价采购"以及腐败现象的发生；中标货物的单价、数量是采购支出的决定性要素，其作为采购货物的基本信息应当在中标公告中予以公开。

对于无批量集中采购模式（或网站无法查询到批量集中采购模式项目信息）的评估对象，项目组将此板块权重调整到其他板块，以区别对待。

2. 协议供货模式的信息公开

协议供货是通过公开招标方式确定入围的供应商和供货的产品，在协议有效期内，采购人直接或通过谈判、询价等方式与协议供应商签订供货合同的一种采购形式。中央国家机关政府采购中心颁布的《中央国家机关集中采购信息类产品协议供货实施办法（试行）》（国机采字〔2006〕25号）对协议供货的界定是：中央国家机关政府采购中心（以下简称采购中心）通过公开招标等方式，确定中标供应商及其所供产品（型号、具体配置）、最高限价、订货方式、供货期限、售后服务条款等，并以中标合同的形式固定下来，由采购人在协议有效期内，自主选择网上公告的供货商及其中标产品的一种政府集中采购组织形式。《国家税务局系统政府采购协议供货管理办法（试行）》（国税发〔2007〕73号）对协议供货的界定是，国家税务总局集中采购中心（以下简称总局集中采购中心）对列入政府集中采购目录或国税系统部门集中采购目录范围的通用或特定采购项目，通过公开招标确定采购项目的中标供应商、中标货物的最高限价（协议供货价）、价格折扣率（优惠率）、规格配置、服务条件等采购事项，并由总局集中采购中心代表国税系统，统一与各中标供应商签署供货协议书；在协议供货有效期内，由采购人根据部门实际需要，按照规定程序，选择具体中标供应商、中标货物及相关服务，确定中标货物实际成交价格并签订合同的一种采购形式。一些地方发布的规定中也有类似界定，如《广东省省级政府采购协议供货办法》（粤财采购〔2006〕15号）对协议供货的界定是，协议供货是指通过公开招标采购方式，统一确定政府采购项目中标供应商及其所供货物的品名、规格型号、价格、供货期限、服务承诺等内容，并以承诺书的形式固定下来，由采购人在供货有效期内自主选择中标供应商及其货物的一种采购形式。综合来看，虽然实践中对协议供货的称谓各不相同，但此种模式最大的特点就是供应商通过公开招投标等中标后所获得的只是入围资格，而不是实际的成交。协议供货具有提前招标、长期供货、效率优先的特点，可以在一定程度上满足采购人的需求，减少重复招标。但其中也存在着可以指定品牌以及竞争不够充分等问题。

如前所述，各地在协议供货模式下往往采用询价、电子竞价、协议等方式或以电子商城、网上超市等名义进行采购，但无论采用何种方式或称谓，公开相关信息仍然是其内在要求。《政府采购货物和服务招标投标管理办法》第八十五条明确规定，政府采购货物和服务可以实行协议供货采购和定点采购，但协议供货采购和定点供应商必须通过公开招标方式确定；因特殊情况需要采用公开招标以外方式确定的，应当获得省级以上人民政府财政部门批准。《关于做好政府采购信息公开工作的通知》（财库〔2015〕135号）进一步明确规定，协议供货、定点采购项目还应当公告入围价格、价格调整规则和优惠条件。

项目组对协议供货信息公开的评估主要包括协议供货信息栏目（权重为30%）、入围结果（权重为30%）、采购结果（权重为40%）三项内容。

协议供货信息栏目包括各评估对象的政府采购信息发布平台是否设置了协议供货信息的栏目，集中发布协议供货信息等内容，以便公众查询。

入围结果包括是否公开了入围供应商、入围价格、价格调整规则、优惠条款四项内容。

采购结果包括是否提供了详细的采购成交结果信息，如每年实际通过协议供货方式采购了哪些供应商的哪些商品以及成交价格，采购的商品型号、技术配置等详细信息。

对于无协议供货模式（或网站无法查询到协议供货模式项目信息）的评估对象，项目组将此板块权重调整到其他板块，以区别对待。

3. 投诉处理结果及违规处罚结果的公开

政府采购的供应商认为采购文件、采购过程、中标和成交结果使自己的合法权益受到损害的，可以向同级财政部门投诉，财政部门应当经过调查做出书面处理决定书。违规处罚则是指财政部门等针对采购人、采购代理机构、供应商等在政府采购过程中的违法违规行为依法做出的警告、罚款、没收违法所得、吊销营业执照等处罚行为。公开投诉处理决定和违规处罚结果，一则有助于监督有关部门依法履行监管职责，二则有助于提示采购人、采购代理机构、供应商等主体依法参与政府采购活动，三则有助于提示各方面主体明确自身行为的边界。为此，2004年发布的《政府采购供应商投诉处理办法》（财政部令20号）第二十三条规定，财政部门应当将投诉处理结果在省级以上财政部门指定的政府采购信息发布媒体上公告。《政府采购法实施条例》第五十八条第二款规定，财政部门对投诉事项做出的处理决定，应当在省级以上人民政府财政部门指定的媒体上公告。其第六十三条还规定，各级人民政府财政部门和其他有关部门应当加强对参加政府采购活动的供应商、采购代理机构、评审专家的监督管理，对其不良行为予以记录，并纳入统一的信用信息平台。

本板块的评估指标包括投诉处理结果的信息公开和违规处罚结果的信息公开。

（三）评估方法

本次评估依据前述评估指标体系，通过评估对象财政部门门户网站、政府采购信息发布平台，了解所有评估对象公开相应政府采购信息的情况，进行一手数据的采集和分析。

网站是政府信息公开的第一平台，尤其是在互联网日益普及、公众对不受时空限制获取信息的需求日益提高的今天，通过网站集中发布政府采购信息不仅有助于不同区域的供应商及时便捷地获取采购信息，公平参与招标，也有助于全社会共同监督政府采购活动。除财政部指定政府采购信息发布平台外，项目组以各评估对象政府采购网或政府采购中心的网站作为获取评估数据的基础平台（附件一、附件二、附件三），同时，考虑到各地发布政府采购信息的平台并不一致，因此，项目组还根据供应商惯常获取政府采购信息的实际情况，结合了各地公共资源交易网站、政府门户网站、财政部门网站等平台（以下统称为"政府采购信息发布平台"），获取评估数据。

本次评估时间跨度为2016年1月25日至2016年3月5日。评估通过各评估对象政府采购信息发布平台获取相关数据，以网站上发布相关项目信息的情况作为评估各自政府采购透明度的依据。为保证评估结果的准确性，项目组2016年4—8月又对所有评估对象的评估结果进行了详细复查，并保留了所有的网站页面截屏和链接记录。

二　评估的总体情况

（一）总体得分情况

本次评估结果显示，中央级政府集中采购机构中公开情况较好的为中央国家机关政府采购中心；省级政府中排名居前的依次是：四川省、上海市、湖南省、天津市、湖北省、贵州省、广东省、黑龙江省、山东省、江西省；地市级政府中排名居前的依次是：广东省广州市、湖南省长沙市、广西壮族自治区柳州市、四川省成都市、黑龙江省齐齐哈尔市、天津市红桥区、广西壮族自治区南宁市、上海市浦东新区、浙江省舟山市、福建省厦门市（评估结果见表2、表3、表4）。

表2　　　　　中央级政府集中采购机构得分情况

评估对象	批量集中采购模式（45%）	协议供货模式（45%）	投诉处理结果及违规处罚结果（10%）	总分
中央国家机关政府采购中心	78.4	92.5	50	81.91
中共中央直属机关采购中心	64.4	45	0	49.23
全国人大机关采购中心	64.4	0	0	28.98

表 3　　省级政府得分情况

评估对象	批量集中采购模式（45%）	协议供货模式（45%）	投诉处理结果及违规处罚结果（10%）	总分
四川省	90.4	—	100	92.15
上海市	—	85	100	87.73
湖南省	—	85	100	87.73
天津市	—	77.5	100	81.59
湖北省	—	77.5	100	81.59
贵州省	—	70	100	75.45
广东省	93.4	45	100	72.28
黑龙江省	—	60	100	67.27
山东省	90.4	30	100	64.18
江西省	67.4	52.5	100	63.96
北京市	—	52.5	100	61.14
重庆市	—	52.5	100	61.14
辽宁省	—	52.5	100	61.14
河南省	—	52.5	100	61.14
山西省	—	52.5	100	61.14
浙江省	—	52.5	100	61.14
广西壮族自治区	90.4	15	100	57.43
福建省	96.4	7.5	100	56.76
河北省	56	45	100	55.45
海南省	—	45	100	55.00
甘肃省	—	45	100	55.00
江苏省	58	52.5	50	54.73
云南省	—	52.5	50	52.05
内蒙古自治区	64.4	37.5	50	50.86
安徽省	32	—	100	44.36
新疆维吾尔自治区	—	52.5	0	42.95

续表

评估对象	批量集中采购模式（45%）	协议供货模式（45%）	投诉处理结果及违规处罚结果（10%）	总分
青海省	—	30	100	42.73
陕西省	—	37.5	50	39.77
吉林省	—	37.5	0	30.68
西藏自治区	—	0	50	9.09
宁夏回族自治区	—	0	50	9.09

表4　地市级政府得分情况

评估对象	批量集中采购模式（45%）	协议供货模式（45%）	投诉处理结果及违规处罚结果（10%）	总分
广州市	90.4	85	100	88.93
长沙市	—	85	100	87.73
柳州市	—	85	100	87.73
成都市	81.4	—	100	84.78
齐齐哈尔市	—	92.5	50	84.77
天津市红桥区	—	100	0	81.82
南宁市	—	77.5	100	81.59
上海市浦东新区	—	85	50	78.64
舟山市	54	92.5	100	75.93
厦门市	—	70	100	75.45
上海市崇明县	—	85	0	69.55
上海市闵行区	56	85	50	68.45
天津市西青区	—	70	50	66.36
绵阳市	66.4	—	50	63.42
青岛市	76.4	37.5	100	61.26

续表

评估对象	批量集中采购模式（45%）	协议供货模式（45%）	投诉处理结果及违规处罚结果（10%）	总分
重庆市九龙坡区	—	52.5	100	61.14
大连市	—	52.5	100	61.14
杭州市	—	52.5	100	61.14
宁波市	—	52.5	100	61.14
深圳市	—	52.5	100	61.14
大同市	32	85	50	57.65
石家庄市	64.4	52.5	50	57.61
天津市滨海新区	—	70	0	57.27
郑州市	—	45	100	55.00
芜湖市	—	45	100	55.00
苏州市	—	45	100	55.00
云浮市	—	45	100	55.00
兰州市	—	45	100	55.00
贺州市	—	45	100	55.00
甘孜藏族自治州	66.4	—	0	54.33
北京市朝阳区	—	52.5	50	52.05
北京市海淀区	—	52.5	50	52.05
北京市延庆区	—	52.5	50	52.05
重庆市渝北区	—	52.5	50	52.05
哈尔滨市	—	52.5	50	52.05
包头市	—	52.5	50	52.05
合肥市	90.4	0	100	50.68
济南市	—	37.5	100	48.86
贵阳市	—	37.5	100	48.86
宜昌市	—	45	50	45.91
岳阳市	—	45	50	45.91

续表

评估对象	批量集中采购模式（45%）	协议供货模式（45%）	投诉处理结果及违规处罚结果（10%）	总分
南京市	—	45	50	45.91
赣州市	—	45	50	45.91
重庆市城口县	—	52.5	0	42.95
七台河市	—	52.5	0	42.95
南昌市	—	52.5	0	42.95
伊犁哈萨克自治州	—	52.5	0	42.95
克孜勒苏柯尔克孜自治州	—	52.5	0	42.95
洛阳市	—	30	100	42.73
武汉市	—	30	100	42.73
福州市	—	30	100	42.73
海口市	—	30	100	42.73
恩施州	—	37.5	50	39.77
呼和浩特市	—	37.5	50	39.77
太原市	44	30	50	38.30
长春市	—	45	0	36.82
衡水市	—	45	0	36.82
张家界市	—	45	0	36.82
沈阳市	—	30	50	33.64
遵义市	—	30	50	33.64
西宁市	—	30	50	33.64
海西州	—	30	50	33.64
果洛州	—	30	50	33.64
固原市	—	30	50	33.64
唐山市	—	30	0	24.55
鹤壁市	—	30	0	24.55

续表

评估对象	批量集中采购模式（45%）	协议供货模式（45%）	投诉处理结果及违规处罚结果（10%）	总分
莱芜市	—	30	0	24.55
宿迁市	—	30	0	24.55
宁德市	—	30	0	24.55
酒泉市	—	30	0	24.55
甘南州	—	30	0	24.55
乌鲁木齐市	—	30	0	24.55
三亚市	—	7.5	100	24.32
安顺市	—	0	100	18.18
昆明市	—	7.5	50	15.23
阳泉市	—	0	50	9.09
曲靖市	—	0	50	9.09
怒江州	—	0	50	9.09
西安市	—	0	50	9.09
乌海市	—	0	50	9.09
石嘴山市	—	0	50	9.09
吉林市	—	0	0	0.00
白山市	—	0	0	0.00
阜新市	—	0	0	0.00
池州市	—	0	0	0.00
鹰潭市	—	0	0	0.00
儋州市	—	0	0	0.00
榆林市	—	0	0	0.00
铜川市	—	0	0	0.00
拉萨市	—	0	0	0.00
日喀则市	—	0	0	0.00
林芝市	—	0	0	0.00
银川市	—	0	0	0.00

（二）政府采购信息公开工作的主要亮点

1. 省级政府的政府采购信息公开情况总体较好

评估结果显示，31家省级政府的透明度加权平均分为57.96，明显高于地市级政府40.73的加权平均分。

省级政府和地市级政府在政府采购透明度之间的差异在一定程度上表明，省级政府的政府采购信息公开情况更为规范。首先，省级政府普遍开设了统一的网站平台，用于集中发布政府采购信息。其次，省级政府采购信息发布平台的栏目建设普遍较规范，有助于公众获取信息。如福建省政府采购网分为四个板块公开政府采购信息，分别是省级政府采购项目信息公告（集中采购目录内及采购限额标准以上）、省级单位自行组织采购项目信息公告（集中采购目录外或采购限额标准以下）、市级采购、县级采购，在四大板块下又分别设置了预公告、邀请公告、招标公告、补充公告、结果公告栏目，查找信息便捷；安徽省政府采购网也分为省级采购和市、县（区）采购，省级采购下面又分类公布信息，分为采购公告、中标公告、成交公告、更正公告、单一来源、流标、废标公告、合同公告。网站栏目设置规范的还有湖南省、广东省等。此外，部分地市级政府的政府采购网站设置也较为规范，如湖南省长沙市、湖南省岳阳市、湖南省张家界市、广东省深圳市、四川省绵阳市等，网站栏目分类清楚、设置规范，公众可以通过不同分类栏目轻松找到所需要的信息。最后，省级政府公开的政府采购信息较为全面。如福建省政府采购网公开了预公告、招标公告、招标文件、中标公告、采购合同等信息，且招标文件、采购合同信息详细，涵盖了政府采购从招标前的意见征集到最后签订采购合同全部环节的信息。信息公开较为全面的还有广东省、黑龙江省、湖北省、山东省等。

2. 招标公告、中标公告公开情况较好

对2015年政府采购信息公开情况进行分析可以发现，招标公告、中标公告的公开情况较好。3家中央级政府集中采购机构全部公开了上述两类信息。实行批量集中采购的10家省级政府采购网站和11家地市级政府采购网站也都公开了招标公告和中标公告。

3. 个别地方创新信息发布方式，提升获取信息便捷度

政府采购需经过预公告、招标、投标、评标、中标、公告等几个环节。因此，所公开的信息也由上述几个环

节的信息组合而成，但各环节的信息分布于不同栏目可能导致信息发布分散。为了让公众全面了解信息，有的地方政府在信息公开时，注重创新公开方式，提高查询信息的便利度。如安徽省合肥市公共资源交易中心，同一采购项目的公告信息、答疑变更、中标信息、合同变更在同一页面，信息查找方便快捷，且信息公开具有连贯性，整个采购过程的进展一目了然；福州市政府采购网也有相似的做法，招标公告的右上角提供了此条信息的中标公告链接，中标公告的右上角提供了此条信息的招标公告链接；山西省政府采购网的合同公示中提供了招标公告、合同附件的链接；苏州市政府采购网的某一项项目的左侧导航栏设置了招标公告、中标公告、采购文件下载、采购合同、单一来源成交公告的链接。实现不同阶段政府采购信息互联互通的省市还包括湖南省、广西壮族自治区南宁市、浙江省杭州市等。

（三）政府采购信息公开存在的主要问题

1. 政府采购信息发布平台建设不统一，信息发布"碎片化"

统一的政府采购信息发布平台有利于政府采购信息

的集中展示，方便公众获取相关信息。但是，部分地方未建立政府采购信息发布平台或建立了多个平台发布相关信息，政府采购信息发布"碎片化"现象突出。

首先，部分地区尚未建立政府采购信息发布平台。如吉林省白山市、辽宁省阜新市、海南省儋州市、陕西省铜川市、西藏自治区日喀则市和林芝市无政府采购网，这些地区的其他相关网站仅有极少量的标准化货物采购信息；尽管陕西省榆林市政府有榆林招标采购网，但该网站几乎未发布过标准化货物采购信息，也无其他集中发布政府采购信息的网站。

其次，部分地区在多个平台发布政府采购信息。从实践情况来看，各地区发布政府采购信息的网站大致包括政府采购网、政府采购中心网站、政府门户网站、财政部门网站和公共资源交易中心网站。另外，也有些地市级政府将采购信息放在省级政府采购网上发布。部分评估对象在其中多个网站上发布政府采购信息。如甘肃省兰州市发布政府采购信息的网站有兰州市公共资源交易中心、甘肃省政府采购网等；山东省发布政府采购信息的网站有山东省政府采购网、山东省政府集中采购网等；山东省济南市发布政府采购信息的网站有济南市政务服务中心政府采购部网站、济南市政府采购网等；北京市发布政府采购信息的网站有北京市政府采购中心网站、北京市财政局网站等；北京市海淀区发布政府采购信息的网站有海淀区政府采购中心网站、海淀区财政局网站等；安徽省合肥市发布政府采购信息的网站有安徽省合肥市公共资源交易中心网站、安徽省政府采购网等；海南省海口市发布政府采购信息的网站有海口市政府门户网站、海南省政府采购网站等；云南省昆明市发布政府采购信息的网站有云南省政府采购网、昆明市财政局网站等。多渠道发布信息不仅增加了信息发布的工作量，也容易出现信息发布渠道不统一、公众难查询等问题。

最后，发布在多个政府采购平台上的政府采购信息不全面或部分重复，信息发布较为随意。如兰州市公共资源交易网公开了招标公告、中标公告信息，但未提供招标文件和采购合同，而是在甘肃省政府采购网公开了兰州市的招标文件和采购合同；济南市政务服务中心采购部通过网站提供了济南市协议供货信息，济南市政府采购网也提供了实质为协议供货的网上超市飘窗链接。这不仅不利于公众获取全面的信息，也造成行政资源的浪费。

2. 政府采购信息公开责任落实不到位

评估发现，不少地方政府采购信息公开程度不高。目前政府采购量非常庞大，由此，应当在政府采购信息公开平台上公开的政府采购信息量也会非常大，这些信息也应当在政府采购信息发布平台上予以公开。但评估发现，部分政府采购信息发布平台栏目空白、信息陈旧、更新滞后。

首先，部分地区的政府采购信息发布平台的部分栏目内无信息。如西藏自治区政府采购网的招标公告、中标公告栏目内均空白，且在评估后期（如2016年3月21日）该网站已无法打开；江苏省政府采购网设置了合同公告栏目，但该栏目内无信息；贵阳市政府采购网中协议供货栏目无信息；宜昌市公共资源交易中心网站发布的招标公告、中标公告只有标题，没有内容。

其次，部分地区的政府采购信息发布平台发布的政府采购信息陈旧、未及时更新，政府采购信息发布未形成常态化。如评估期间，乌鲁木齐市政府采购网最新的一条招标公告是"乌鲁木齐市精神病福利院蔬菜大棚工程竞争性谈判公告"，此公告的上网时间是2010年，最新一条中标公告是"乌鲁木齐市网络信息中心机房及弱电工程（一期）竞争性谈判中标公告"，此公告上网时间是2010年；克孜勒苏柯尔克孜州政府采购网的协议定点采购栏目的信息更新时间是2013年11月5日；宿迁市政府采购网仅发布了2008年、2009年的协议供货供应商联系表；舟山市政府采购网中区县政府板块仅有2011年、2012年、2013年的预公告信息；安顺市政府采购网中政府采购专栏中的最新信息的上网时间是2010年；北京市政府采购中心的门户网站显示，2015年全年仅有十余条公开招标信息。

最后，政府采购时效性信息的处理仍存在改进之处。公开政府采购信息的目的除了方便供货商等及时获取信息外，还包括方便公众进行监督。因此，即使采购活动结束，相关的信息也应该在网站上保留以接受社会监督。但是，部分地区的政府采购信息发布平台却在招标结束后"及时"将信息删除。如宜昌市公共资源交易中心的招标、中标信息在发布结束后即被删除，只留下采购信息的标题。

3. 不少地方发布的采购信息不便查询

公开政府采购信息的目的是为了让公众获取并加以利用，因此，信息不但要公开，还应当方便公众查找，否则，公开的意义会大打折扣。但评估发现，不少地方发布的政府采购信息却很难查询。

首先，部分地区政府采购信息发布平台发布的政府采购信息混乱随意，无统一发布路径。有的地方将招标文件附在招标公告中，如天津市政府采购网、重庆市政府采购网、吉林省政府采购中心网站、辽宁省政府采购网、恩施州公共资源交易中心网站、长沙市政府采购网、安徽省合肥市公共资源交易中心网站、苏州市政府采购网、福州市政府采购网等。有的将招标文件附在中标公告或成交公告中，如江西省公共资源交易网、贵州省政府采购网、甘肃省政府采购网、内蒙古自治区政府采购网等。采购合同的公开也没有统一的路径，如厦门市政府采购网在中标公告中附有采购合同，天津市政府采购网、重庆市政府采购网、辽宁省政府采购网、河北省政府采购网、河南省政府采购网、宁波市政府采购网、广州市政府采购网等有专门的合同公告栏目。缺失相对统一的信息发布标准，将妨碍公众查询信息，影响公开效果。

其次，不少地区政府采购信息发布平台发布的采购信息堆砌，未做区分。评估发现，虽然大多数网站栏目设置合理，不同信息分类公开，但还是存在将不同信息置于同一栏目的现象。有的地市级政府发布的政府采购信息放置在省级政府采购网，但是，省级政府采购网没有为地市级以下政府采购信息的发布设置专门的栏目，所有地级市以下的信息都堆积在一起，未做区分，不便查找。如青海省政府采购网、山东省政府采购网、江西省政府采购网等均有诸如此类的现象。

4. 协议供货模式项目信息公开情况整体不理想

协议供货是一种传统的采购形式，在满足用户需求方面有其特有的优势，但监管不到位则会影响其优势的发挥。评估发现，协议供货模式项目信息公开情况整体较差。

首先，政府采购信息发布平台网站设置的协议供货栏目名称杂乱，影响公开效果。虽然评估显示，仅部分评估对象的政府采购信息发布平台未设置协议供货专栏，但设置栏目的网站平台普遍存在栏目名称不统一的问题。如上海市的协议供货模式的公开栏目叫作电子集市，浙江省、山东省青岛市的协议供货模式的公开栏目叫作网上超市，河南省郑州市的协议供货栏目叫作电子商城，各网站栏目名称不一。

其次，协议供货模式的采购项目信息公开欠佳。按照财政部《关于做好政府采购信息公开工作的通知》的要求，采购项目信息包括采购项目公告、采购文件、采购项目预算金额、采购结果等信息，由采购人或者其委托的采购代理机构负责公开。但评估显示，采用协议供货模式的地方公开协议供货项目信息的情况并不理想。如入围结果信息公开程度较低，入围结果是集中采购机构通过公开招标的方式确定协议供货的入围供应商、入围价格、优惠率等。但评估对象中，有4家省级政府、33家地市级政府未公开任何入围结果的信息；另外，协议供货模式的详细采购结果公开率也很低，有5家省级政府、14家地市级政府未公开详细的采购结果信息，在采用协议供货模式的评估对象中分别占17.24%、15.56%。

三 各板块评估结果

(一) 批量集中采购模式的信息公开情况

批量集中采购模式是近年来国家大力推行的一种采购模式。截至评估结束时,全国共有10家省级政府、11家地市级政府采用了此种模式。评估结果显示,批量集中采购模式的招标信息和采购结果信息公开的情况整体较好,但预公告、评审过程纪要信息公开不理想。

1. 预公告信息

预公告在批量集中采购启动之前向社会公开,是批量集中采购过程非常重要的一个环节,其目的是通过预先公告相关内容,征求各方意见、建议,确保所设置的采购标准等更加合理、规范。但评估发现,预公告的公开情况不佳。

第一,预公告信息公开有待加强。部分评估对象公开了预公告,提供了政府采购项目的基本信息,用于征集供应商及社会大众对采购项目的意见,但多数评估对象未公开预公告。评估发现,中央国家机关政府采购中心、6家省级政府及6家地市级政府在其政府采购信息发布平台公开了预公告。但是，其他2家中央级政府集中采购机构、4家省级政府及5家地市级政府未在其政府采购信息发布平台公开预公告。

第二，预公告栏目设置不规范。一是预公告的栏目名称不统一。如有的地方的政府采购信息发布平台设置的栏目名称为"预公告"，有的为"征集意见""征询公告""采购需求公告"等。例如，广东省政府采购系统网叫"采购需求征求意见公告"，山东省政府采购网叫"需求公示"，江苏省政府采购网叫"采购预告"，福建省政府采购网叫"采购预公告"，广西壮族自治区政府采购网叫"预公示"。这主要是因为，预公告是政府采购项目初步向社会公开并征求意见的环节，但该环节在法律法规中并无统一称谓，所以在实践操作中也没有统一的规范名称。二是预公告栏目内容不统一。部分评估对象政府采购信息发布平台的预公告栏目中混杂着其他招投标信息。例如，舟山市政府采购网的预告栏目中发布的多为招标公告，几乎无预公告，且网站另外设置了征集意见栏目，对采购项目进行意见征集。

第三，个别对象意见征集渠道设置情况有待改善。在公开了预公告的评估对象中，多数提供了征集意见的渠道。其中，多数评估对象在门户网站提供了邮寄或当面递交信函的征集意见方式，同时，也有评估对象采用在线平台或者电子邮件的征求意见方式。例如，福建省政府采购网设置了预公告栏目，公开了预公告征集意见的途径、截止时间，预公告中有"我有建议""查看建议"的在线平台，可以在线反馈意见、交流互动。浙江省舟山市提供了电子邮件方式的征集意见途径。相较于电子邮件和当面递交信函的方式，在线征集意见途径可以极大地方便公众提出意见、建议。但是，有些政府的在线平台只有经过注册的供应商可以登录并提建议，如安徽省合肥市的政府采购平台需要凭用户名和密码登录答疑平台进行互动。

第四，意见反馈情况公开不理想。在公开了预公告并进行了政府采购项目的意见征集的评估对象中，多数未公开意见反馈情况。对于就预公告提出的意见建议进行公开反馈，有助于澄清误解、体现对提意见建议者的尊重，也有助于接受社会监督。评估结果显示，在公开了预公告的中央级政府采购中心、6家省级政府及6家地市级政府中，有2家省级政府、1家地市级政府提供了征集意见的反馈情况；但该中央级政府集中采购机构、4

家省级政府、5家地市级政府未公开意见征集的反馈情况。另外，1家省级政府采购平台没有公开预公告，但以"答疑澄清"形式公开了对征集意见的整体反馈。

2. 招标信息

招标是招标方发出招标信息，说明招标货物、工程、服务的范围、需求标准、投标人资格等，邀请特定或不特定投标人在规定时间内、按规定方式投标的行为。供应商需要依据招标公告或招标文件来合理安排投标活动，因此，全面、准确地公开招标公告、招标文件对于供应商来说至关重要。同时，其也是公众监督政府采购行为是否规范的重要举措。评估显示，招标信息总体公开情况较好，但公开不细致、不规范的情况仍然存在。

首先，招标公告的公开情况普遍较好。3家中央级政府集中采购机构、10家省级政府、11家地市级政府全部公开了2015年的招标公告。

其次，多数评估对象公开了招标文件。招标文件是招标人向潜在投标人发出并告知项目需求、招标投标活动规则和合同条件等信息的要约邀请文件，是项目招标投标活动的主要依据，对招标投标活动各方具有法律约束力。《关于做好政府采购信息公开工作的通知》明确规定，招标文件随中标、成交结果同时公布。评估结果显示，3家中央级政府集中采购机构、7家省级政府、7家地市级政府公开了招标文件，分别占比100%、70%、63.64%。采用批量集中采购模式的10家省级政府和11家地市级政府中，有3家省级政府、4家地市级政府未公开招标文件。

再次，招标文件的公开对象范围有待扩展。部分评估对象虽然公开了招标文件，但该招标文件仅向供应商公开，并未向社会公开。从扩大招标活动的知晓度、让更多供货商参与竞标的角度看，招标文件作为启动政府采购招标的基础性文件，有必要通过网站对社会公开。评估发现，有部分评估对象通过供应商注册登录、招标文件具有特殊格式、现场购买等方式限制公众获取招标文件。如浙江省舟山市政府采购网的采购文件公告公开的招标文件的链接无效；江西省政府采购网站公开的招标文件格式为".jxzb"，这种格式的文件需要专门的软件才能打开；河北省政府采购网的招标文件需要购买，但是在招标结束后未公开。这些限制性做法给公众获取政府采购项目招标的详细信息带来了不便。

复次，多数评估对象提前公开招标文件。《关于做好政府采购信息公开工作的通知》要求招标文件应当随中标、成交结果同时公告。而评估发现，多数评估对象将招标文件随招标公告同时发布。适当提前公开招标文件，可以使供应商及公众及时获得政府采购项目招标的详细信息。在公开了招标文件的评估对象中，有5家省级政府、5家地市级政府将招标文件作为招标公告的附件提供，这不仅降低了供应商及公众的获取成本，也提高了获取信息的及时性，便于公众进行监督；3家中央级政府集中采购机构、2家省级政府、2家地市级政府仅能按照上述通知的要求在中标公告或合同公告中附上招标文件，未能做到及时公开。

最后，招标要求标准明确。公开的招标文件普遍列明了政府采购项目的需求标准、评分标准。评估发现，3家中央级政府集中采购机构、7家省级政府、7家地市级政府都在招标文件中公开了需求标准、评分标准。但需要注意的是，公开了评分标准的评估对象普遍在评分标准中设定了主观性的标准，其可能会影响中标结果的客观性、公正性。有3家中央级政府集中采购机构、7家省级政府、7家地市级政府的评分标准均有此种现象。比如"服务效率"、"设置了项目管理机构，并且有科学、具体的项目管理措施，能够结合项目特点制定实施方案好的"，以及"根据对投标人项目实施方案的科学性、完整性、合理性以及项目进度计划、质量控制措施等进行综合比较评分"等，这些都具有较大的主观性。

3. 评审过程纪要

评估对象普遍未公开评审过程纪要。政府采购的评审过程纪要是指在投标结束后，评审委员会按招标文件规定的评审方法和标准对供应商的投标或响应文件进行比较和评价的记录。招标机构一般会依据评审结果推荐中标或候选供应商，因此，评审过程是政府采购中的重要环节。评审过程纪要是对评审过程的记录。公开评审过程纪要对维护政府采购活动的公正性、客观性和透明性，以及发挥公众监督都有着重要意义。但是，评估结果显示，3家中央级政府集中采购机构、10家省级政府、11家地市级政府没有公开评审过程纪要。

4. 采购结果信息

采购结果信息应包括中标供应商，中标货物的名称、数量、价格、规格等。采购结果信息是采购过程中的核心内容，最受社会公众关注。因此，项目组将采购结果信息的公开视作评估的重点内容。评估显示，批量集中采购的结果信息公开相对较好，但仍然不够细致。

第一，中标公告公开情况普遍较好。中标公告是对中标供应商以及采购货物基本情况的公告，大多数评估对象公开了中标公告。3家中央级政府集中采购机构、10家省级政府、11家地市级政府公开了中标公告。绝大多数的中标公告内容详细，如采购人和采购代理机构的名称、地址、联系方式，项目名称和项目编号，中标或者成交供应商名称、地址和中标或者成交金额，主要中标或者成交标的名称、规格型号、数量、单价、服务要求以及评审专家名单等，但也有个别评估对象公开的中标公告未公开成交标的的规格型号、数量、单价、服务要求等信息。

第二，部分评估对象公开了采购合同。采购合同是招标结束后，采购方与供货商达成的合意。其中应包括双方详细的权利义务、供货及服务的补充条款以及采购项目等全面且详细的内容。部分评估对象通过中标公告的附件形式或在合同公告栏目中公开采购合同。评估发现，6家省级政府、4家地市级政府公开了采购合同，分别占比60%、36.36%。其中，1家地市级政府将采购合同作为中标公告的附件公开，6家省级政府、3家地市级政府在合同公告栏目公开了采购合同。采用批量集中采购模式的3家中央级政府集中采购机构、10家省级政府、11家地市级政府中，3家中央级政府集中采购机构、4家省级政府、7家地市级政府未公开采购合同。可见，相对于地市级政府，省级政府采购合同的公开情况较好。

第三，多数评估对象在中标公告中公开了评审委员会名单。评审委员会成员是在供应商投标之后，依据招标文件公开的评分标准并结合供应商的综合情况进行打分的人员。为了评审过程的公平性，中标结果确定之前评审委员会名单应当严格保密。但是，在采购结束后评委会名单应当予以公布以便让公众监督是否存在因评委会成员与供应商或其他有关人员关系密切而可能会影响评标结果公正性的情况。评审委员会名单大多公布于中标公告中，评估发现，评审委员会名单公开情况较好，3家中央级政府集中采购机构、10家省级政府、11家地市级政府全部公开了此项信息。

第四，采购合同内容充实。多数评估对象在中标公告或采购合同中公开了采购的详细内容。实践中，采购的详细内容可能通过中标公告公开，也可能通过采购合同公开。评估显示，3家中央级政府集中采购机构、9家省级政府、8家地市级政府公开了中标货物的规格、单价、数量，安徽省、山西省大同市、四川省绵阳市、四川省甘孜藏族自治州未公开此类内容。

（二）协议供货模式的信息公开情况

1. 协议供货栏目设置情况

协议供货栏目是政府采购集中发布信息的基本渠道，也是公众了解和监督协议供货具体情况的重要窗口。本次评估的评估对象的政府采购信息发布平台普遍设置了协议供货栏目，仅有少数评估对象未设置相关栏目。2家中央级政府集中采购机构门户网站设置了协议供货相关栏目，只有全国人大机关采购中心门户网站未设置相关栏目；在31家省级政府中，除四川省取消了协议供货模式，采取网上竞价和商场直购的方式，安徽省2015年在计算机、复印机等范围内继续推进批量集中采购外，在其余的29家中，有25家的政府采购信息发布平台设置了协议供货栏目，在采取协议供货模式的省级政府中占86.21%，4家未设置协议供货栏目。在地市级政府中，四川省成都市、绵阳市、甘孜藏族自治州取消协议供货，其余的90家地市级政府中，68家地市级政府的政府采购信息发布平台设置了协议供货栏目,在采用此模式的地市级政府中占75.56%;15家未设置协议供货栏目,其余7家无政府采购信息发布平台。

2. 入围结果

入围结果是通过公开招标的方式所确定的协议供货的入围供应商、入围价格、优惠率等,是采购方在协议供货期内采购的上限标准。依据《关于做好政府采购信息公开工作的通知》(财库〔2015〕135号)的规定,入围结果的评估指标包括政府采购信息发布平台是否公开入围供应商、入围价格、价格调整规则、优惠条款。

首先,评估对象的政府采购信息发布平台普遍公开了协议供货的入围供应商信息,仅少数评估对象未公开相关信息。入围供应商是经采购机构通过公开招标方式确定的在协议供货期内按照签订的协议提供货物的经营者。评估结果显示,入围供应商的公开情况相对较好。中央国家机关政府采购中心、中共中央直属机关采购中心公开了入围供应商信息,全国人大机关采购中心未公开入围结果;采用协议供货模式的29家省级政府中,有25家公开了入围供应商信息,占86.21%,4家未公开入围结果;采用协议供货模式的90家地市级政府中,48家公开了入围供应商信息，占53.33%，2家未公开，33家未公开入围结果，其余7家无政府采购信息发布平台。

其次，部分评估对象公开了协议供货的入围价格，但仍有部分评估对象未公开相关信息。入围价格是采购机构通过公开招标方式确定的在协议供货期内按照已签订的协议提供货物的最高价格，采购单位可在此基础上与供货商协商以争取获得更低、更优惠的采购价格。中央国家机关政府采购中心公开了入围价格，中共中央直属机关采购中心未公开，全国人大机关采购中心未公开入围结果；采用协议供货模式的29家省级政府中，有19家公开了入围价格，占65.52%，6家未公开入围价格，4家未公开入围结果；采用协议供货模式的90家地市级政府中，有35家公开了入围价格，占38.89%，15家未公开入围价格，33家未公开入围结果，其余7家无政府采购信息发布平台。从上述数据可以看出，相较于地市级政府，省级政府在入围价格公开方面表现较好。

再次，多数评估对象未公开协议供货的价格调整规则信息。价格调整规则是在已确定的入围价格基础上，在符合一定条件时对价格进行调整的规则。比如采购货物超过某一采购量或采购批次时可以达到的优惠率。评估结果显示，价格调整规则公开情况较差。中央国家机关政府采购中心、中共中央直属机关采购中心未公开此项信息，全国人大机关采购中心未公开入围结果；采用协议供货模式的29家省级政府中，有2家公开了价格调整规则，占6.90%，23家未公开价格调整规则，占79.31%，4家未公开入围结果；采用协议供货模式的90家地市级政府中，3家公开了价格调整规则，占3.33%，47家未公开，占52.22%，33家未公开入围结果，7家无政府采购信息发布平台。

最后，多数评估对象未公开协议供货的优惠条款信息。优惠条款是在已确定的入围价格基础上，在符合一定条件时可以达到的优惠率，该优惠率是具体采购活动中的最低优惠率，采购单位可在此基础上与供货商协商以争取获得更高的优惠率。评估发现，中央国家机关政府采购中心、中共中央直属机关采购中心公开了此项信息，全国人大机关采购中心未公开入围结果；采用协议供货模式的29家省级政府中，有14家公开了优惠条款，占48.28%，11家未公开，占37.93%，4家未公开入围结果；采用协议供货模式的90家地市级政府中，有23家公开了优惠条款，占25.56%，27家未公开，占30%，33家未公开入围结果信息，其余 7 家无政府采购信息发布平台。

3. 采购结果

详细的采购结果是指采购方向供应商购买货物的名称、数量、规格、单价等信息。协议供货是在前期入围结果的基础上，采购方自主选择供应商购买货物的行为，具有较大的自主性，如果监管不到位，就容易暗箱操作和滋生腐败。因此，公开详细的采购结果不仅是政府采购规范化的需要，也是增强财政支出透明度的需要，更是加强社会监督的必然要求。评估结果显示，协议供货采购结果信息公开情况较差。中央国家机关政府采购中心公开了详细的采购结果，中共中央直属机关采购中心、全国人大机关采购中心未公开；采用协议供货模式的 29 家省级政府中，有 5 家公开了详细采购结果，占 17.24%，24 家未公开，占 82.76%；采用协议供货模式的 90 家地市级政府中，14 家公开了详细采购结果，占 15.56%，69 家未公开，占 76.67%，其余 7 家无政府采购信息发布平台。

（三）投诉、处罚信息的公开情况

投诉是当事人保障自身权益的重要手段，也是开展社会监督的重要途径。通过对投诉的处理，管理者也可以及时发现问题、纠正问题。公开投诉处理结果可以有效地监督管理者，增强公众对管理者的信赖度。但评估发现，中央国家机关政府采购中心、中共中央直属机关采购中心、全国人大机关采购中心都未公开该项信息。省级政府投诉处理结果的公开情况则较好。31家省级政府中，有28家省级政府公开了投诉处理信息，占90.32%，3家未公开，占9.7%；93家地市级政府的投诉处理公开情况则不尽如人意，除2家地市级政府无政府采购信息发布平台及财政部门网站外，有56家公开了投诉处理信息，占60.22%，35家未公开，占37.63%。

　　政府采购是利用国家财政性资金和政府借款购买货物、工程和服务的行为，在采购过程中容易发生违规操作的情况。违规处罚信息的公开同投诉处理结果的公开一样，可以提高公众对政府的信赖度，提高政府执法的权威性。但是，有不少评估对象未公开违规处罚信息。中共中央直属机关采购中心、全国人大机关采购中心，24家省级政府以及33家地市级政府未公开违规处罚信息。

四 对策建议

公开政府采购信息是当前政务公开和政府信息公开的重点领域，是政府采购制度的本质要求，是构建法治政府、规范财政资金使用的有效保障，也是规范政府采购活动、提升政府采购公众认知度及认可度的必然要求。因此，有必要结合当前存在的问题，多管齐下，提升政府采购信息的公开水平。

（一）提高对公开政府采购信息的认识

目前造成政府采购信息公开情况不理想的原因较多，但不可否认的是，对政府采购信息公开工作的认识不到位是其中一项重要因素。其中，也不排除有的地方政府和部门因为管理理念不到位、采购过程不规范或者是担心公开后因为公众不了解而产生误解、引发舆情风险等问题，而不敢尝试公开。但必须看到的是，政府采购是党政机关等利用国家财政资金购置商品、服务等用于本机关的管理和保障的活动，具有明显的公共性，因此，政府采购的所有过程及资金使用情况都理应向社会公开、向公众说明并接受社会监督与评议。

各级财政部门及政府采购从业人员为政府采购的规范有序运行做出了不懈努力，但长期以来，社会各界对政府采购总是存在着各种各样的不理解甚至质疑。造成这种局面的原因是多方面的，如个别地方的政府或部门采购存在不规范，出现了"天价采购"甚至是权力寻租等不合常规的现象，因此严重影响了政府采购的公信力。又如政府采购由于具有节约财政资金、扶持中小产业、鼓励发展节能环保等多重任务，必然要牺牲一定的灵活性和效率。但同时，政府采购主要是为了满足基本的办公需求，这种灵活性和效率的缺失，可能会造成采购方及用户使用不便，并引发一些不满和质疑。但更为重要的是，由于长期以来政府采购从过程到结果的公开不到位以及对政府采购功能定位、取得进展的情况公开不理想，导致业界之外的公众对政府采购的运行状况、取得的成效和面临的问题普遍缺乏全面系统的了解。因此，从规范政府采购活动以及促进政府采购活动健康有序发展的角度看，政府采购信息公开工作不是可有可无的，也不是无足轻重的，而是必不可少的，其对于政府采购良性运行至关重要。各级政府部门、集中采购机构都应当树立以公开为常态、以不公开为例外的理念，按照法律法规规章及国家相关文件的要求，全面、规范地公开政府采购信息。

（二）规范政府采购活动和提升政府采购透明度同步推进

公开是政府采购活动的"必选动作"，也是做好政府采购工作的基础与保障，更是倒逼政府采购管理规范化的重要手段，但公开不能替代政府采购活动及其管理。政府采购模式、方式不统一，名称、类型不一致，最终必然影响公开效果。因此，要做好政府采购的公开，确保公开效果，首先应规范并逐步统一全国政府采购的模式，避免出现各地方打着创新的旗号推出各式各样、名称各异的变通模式，给公开和监管带来各种新问题。在发挥公开对规范行为活动的倒逼作用的同时，还要不断加大监管力度、规范政府采购活动，让公开的政府采购活动更经得住法治的考验和社会的质疑。

（三）加强政府采购公开平台建设

对于政府采购信息的公开平台，法律法规及财政部文件已经反复明确，但评估发现，没有网站、网站不统一、网站公开信息的效果不理想的情况还比较普遍。因此，建议各地建立或指定专门集中发布政府采购信息的平台，并向社会公布，防止公众在面对众多网站时，无法确定权威的政府采购信息发布平台。另外，建议财政部门集中发布各地集中采购机构的门户网站链接。同时，应当提升政府采购公开平台的友好性，通过优化栏目设置、加强信息分类、提供信息检索等方式，提高在政府采购信息公开平台上查询信息的便利度，方便公众查询有关的信息。

（四）加强政府采购信息公开的标准化建设

应当加强政府采购信息的标准化建设，逐步统一政府采购的公开栏目、公开要素和公开标准。虽然法律、法规不断细化公开政府采购信息的要求，但仍不够具体。在政府采购活动实施的各个环节，目前没有任何关于公开方面的标准化规定，有关文件只是规定了公开的大体目标。这就造成了各地方、各部门公开的标准不一致、公开的质量不理想。因此，建议结合政府采购的环节、信息种类等，细化公开标准，明确公开的时限、方式、内容，让公开的要求更具有刚性，这也有助于社会各界根据公开的信息对政府采购活动开展有效的监督和评议。此外，还应当从方便公众的角度，推行政府采购信息的集中公开机制，设定统一的模板（表格或信息系统），以月度、季度为周期，将采购人、供应商、产品、规格、价格、数量等关键信息进行集中公开。

（五）建立社会评议及严格的考核问责机制

为了对各地方、各部门发布政府采购信息的情况进行考核评估，建议建立政府采购信息公开的考核评价机制，设置全面的考核评价指标体系。同时，为了确保评价的客观性，建议引入供应商评价和社会公众评价的机制，针对正在进行或者已经完结的采购活动，由供应商、社会公众对集中采购机构、采购单位是否按规定公开了相关信息进行评价，并将此评价结果作为财政部门监管政府采购活动的重要依据。对于不公开的采购单位，不但其已进行的采购活动无效，还应当责令其暂停政府采购活动，并向审计、纪检机关通报以加强监督。必要时，应对采购单位责任人进行问责。

五　余论：评估中发现的其他问题

除了信息公开的问题外，根据评估中所得的第一手资料，项目组发现，目前我国的政府采购工作中还存在以下需要改进的问题，在此列举希望引起有关部门重视。

第一，目前各地政府采购的无效创新太多。在协议供货越来越受诟病，以及财政部倡导批量集中采购的压力下，各地出现了大量的协议供货的变通方式。如广西壮族自治区虽然采取批量采购的方式，但招标后还是品牌入围，最终采购人可依据喜好指定品牌进行采购。另外，浙江省的网上超市、上海市的电子集市、福建省厦门市的网上竞价等模式，虽然名称各不相同，但采购人可以指定品牌，这本质上与协议供货类似。这些固然是各地为了消除协议供货弊端而做的尝试，但往往在名称上误导公众，且不易开展监督。因此，在应用此类创新时，要慎之又慎。

第二，政府采购仍然存在价格倒挂的问题。成交价格一直是政府采购备受诟病的核心话题。在本次评估中，项目组发现，同一货物的采购价不仅在不同区域有很大的差别，即使在同一区域、同一时间，同一货物的采购价也存在很大差异，甚至屡次出现同品牌、同系列的低配置产品价格高于高配置产品的情况。比如，中央批量集中采购2015年7月成交的高配产品型号为ThinkCentre M8500T-D231，成交价格为每台4530元。[①] 同期北京2015年7月协议供货低配产品（ThinkCentre M4500t-D305）的价格为每台4930元，出现了高配比低配价格低的倒挂现象。而同期，浙江省协议供货入围产品ThinkCentre M6500t的协议供货价为5414.0元/台，同样是配置低但价格高。[②]

第三，品牌倾向性仍明显，评标规则较为混乱。根据《政府采购法实施条例》第三十四条的规定，政府采购招标评标方法分为最低评标价法和综合评分法。最低评标价法是指投标文件满足招标文件全部实质性要求且投标报价最低的供应商为中标候选人的评标方法；综合评分法是指投标文件满足招标文件全部实质性要求且按照评审因素的量化指标评审得分最高的供应商为中标候选人

[①] http://www.zycg.cn/article/show/350986.

[②] http://ww2.zjzfcg.gov.cn/new/menugoods/menugoods_spDetails.do?id=4028c9e5518f4f4c015194de34fb482c&xySpYear=2016&xySpTime=6.

的评标方法。根据该条的规定，技术、服务等标准统一的货物和服务项目，应当采用最低评标价法；采用综合评分法的，评审标准中的分值设置应当与评审因素的量化指标相对应；招标文件中没有规定的评标标准不得作为评审的依据。但通过查看招标文件可以发现，绝大部分标准货物的招标并未采用最低评标价法，而在综合评分法的运用中，评标细则中还存在着很多品牌倾向性指标，评标规则并无规范模板或标准，将业绩排名作为评价要素、附加与实际使用或合同履行无关的条款、推荐品牌等现象时有发生。如2015年7月，浙江省嵊州市教育体育局教师计算机项目（政府采购SZC2015-XX）所有打分项全部为开放区间分（见表5），裁量空间较大。

表5　　浙江省嵊州市教育体育局教师计算机项目

（政府采购SZC2015-XX）评分标准

评分内容		评分标准	分值范围
技术部分（27分）	计算机	投标产品完全响应技术参数要求得20分，正偏离不加分；打★技术参数有负偏离或缺漏项的技术资信部分得0分；非★技术参数有负偏离或缺漏项的每一项扣2分，当负偏离或缺漏项超过两项时技术资信部分得0分	0—20分
	市场情况	产品符合用户需求，根据产品的品牌因素和市场占有率评分	0—6分

续表

评分内容		评分标准	分值范围
技术部分（27分）	投标产品荣誉	产品是《中国节能产品认证目录》内容或具有中国节能产品有效证书的得0.5分；获得国家部委（或省级）单位颁发的自主创新产品证书的得0.5分	0—1分
资信部分（23分）	企业综合实力	根据投标人的综合实力评分，包括投标人资质、历史、技术力量、信誉等方面	0—2分
	工程质量保证体系	供货保障、安装与验收方案等	0—1分
	售后服务及保障	提供原厂嵊州市售后服务网点证明得3分，绍兴市内售后服务网点证明减半计分（以官网为准，提供授权维修点原件或影印件为证）	0—3分
		根据本地服务机构规模、技术力量评分，提供技术人员近3个月社保证明（原件）；嵊州市以外投标单位提供针对本项目的本地机构售后服务协议，按嵊州市服务机构规模、技术力量计算得分	0—4分
		在三年整机质保基础上每增加1年质保加2分，最高加4分	0—4分
		按规定提供备品、备件	0—2分
		售后服务方案：承诺的服务期限、服务方式及服务内容、解决问题、排除故障的速度等	0—1分
		根据本地服务机构在嵊州市教体系统范围的售后服务质量评分（0—4分）（采购方根据《装备管理平台》中的售后服务信息导出统计数据以供参考，《装备管理平台》中无售后服务历史的得2分）	0—4分
	投标文件及优惠措施	投标文件编制质量和内容，符合招标文件要求0—1分；其他实质性优惠措施0—1分	0—2分

又如，2015年四川省南部县教仪电教2015—2018年全面改造薄弱学校及创建国家义务教育基本均衡县教育装备采购项目，在评分标准中明确要求出具商业调研机

构（IDC）的市场占有率排名，并对前三名给予加分（见表6）。这是明显的品牌歧视和差别待遇，此类现象在全国范围内极其普遍。

表6 2015年四川省南部县教仪电教2015—2018年全面改造薄弱学校及创建国家义务教育基本均衡县教育装备采购项目评分标准

序号	评分因素及权重	分值	评分标准
1	价格（40%）	有效投标报价（40分）	满足招标文件要求且投标价格最低的投标报价为评标基准价，其价格分为满分；其他投标人的价格分统一按照下列公式计算：投标报价得分＝评标基准价/投标报价×40×100%
2	质量技术（35%）	投标文件对招标文件的响应程度（22分）	完全符合招标文件要求没有负偏离得19分；技术指标和配置高于招标要求并体现出产品的质量和性能更优的，一项加1分，最多加3分；与招标文件要求有非实质性负偏离的，每一项扣2分，直到此项分值扣完为止；与招标文件要求有实质性负偏离的，则视为无效投标 （涉及证书资料请提供复印件并加盖厂家鲜章）
		产品可靠性和质量要求（11分，以国家合法权威机构认证为准）	1. 依据所投商用台式计算机产品2014年全球或中国地区市场占有率排名取得第一名得3分，第二名得2分，第三名得1分，其他不得分；（提供IDC数据证明文件） 2. 投标计算机噪音低于20分贝（提供国家电子计算机质量监督检验中心证书）得2分； 3. 投标人所投台式计算机经国家电子计算机质量监督检测中心（NCTC）进行可靠性测验，其可靠性指标平均无故障时间（MTBF值）第一名的得3分，第二名得2分，第三名的得一分； 4. 投标人所投交换机具有质量管理和质量保证标准CMMI 5级及以上证书得2分； 5. 投标产品中有获得国家权威部门认定为节能、环保产品的得1分 （涉及证书资料请提供复印件并加盖厂家鲜章）

序号	评分因素及权重	分值	评分标准
2	质量技术（35%）	项目方案（2分）	1. 技术方案完备，深化设计方案具有合理性、先进性及实用性，优得1分，差不得分； 2. 施工组织实施方案中，施工组织机构健全，机械配套，施工流程和工艺合理，工期能保证，质量监控及安全措施完善程度等进行比较后酌情打分，优得1分，差不得分

再如，2015年6月上海市金山区教育局学校台式计算机采购项目（采购编号为JSJZCG15-14926）同样存在着IDC排名加分、评分项设置区间分过于宽泛、没有对应到具体要求、具体分值等问题（见表7）。

表7　2015年6月上海市金山区教育局学校台式计算机采购项目

（采购编号为JSJZCG15-14926）评分标准

序号	评标因素	分值	评审内容	分值范围
1	设备性能指标	18	满足本次招标要求技术指标，且符合相关质量规范	完全满足得18分，每负偏离一项扣2分，直至扣完
2	厂商综合实力及信誉	6	厂商通过ISO 9001质量管理体系认证 厂商通过ISO 14001环境管理体系认证 厂商服务体系获得国家信息安全服务资质证书 厂商原厂服务体系获得客户联络中心标准体系认证CCCS证书	每满足一项得1.5分
		6	2014年度投标产品厂商商用台式计算机中国市场排名情况，以IDC报告为准	排名第一得6分，第二得5分，以此类推计算得分，最低0分

续表

序号	评标因素	分值	评审内容	分值范围
3	样机	7	样机规格型号、配置等必须与投标文件一致,对样机的外观、质量等因素进行综合评价	3—7 分
4	项目实施方案	10	项目组织、人员配置、实施方案、培训等	5—10 分
5	投标人综合实力	10	公司企业实力、资质、信誉等	综合实力情况评价,2—4 分
			自 2014 年 1 月 1 日起至投标截止之日止,两个 300 万以上类似项目业绩,以提供中标通知书、合同为准	每提供一个类似业绩合同得 3 分,最多得 6 分
6	售后服务	13	厂商售后服务机构:对厂商售后服务机构的所在地、服务能力、服务信誉、备品备件等因素进行综合评价	3—6 分
			投标人售后服务能力:对投标人服务方案、服务能力、服务信誉、备品备件及兑现服务承诺的可行性和可信度等因素进行综合评价	3—7 分

附件一 本次评估的中央级政府集中采购机构及其采购模式

评估对象	评估网站	网站归属	网站链接	采购模式
中央国家机关政府采购中心	中央政府采购网	中央国家机关政府采购中心	http://www.zycg.gov.cn/	批量采购协议供货
中共中央直属机关采购中心	中国政府采购网	中共中央直属机关采购中心	http://zzcg.ccgp.gov.cn/	批量采购协议供货
全国人大机关采购中心	中国政府采购网	财政部	http://www.ccgp.gov.cn/qgrd/	批量采购协议供货

附件二　本次评估的省级政府集中采购机构及其采购模式

评估对象	评估网站	网站归属	网站链接	采购模式
北京市	北京市政府采购中心	北京市政府采购中心	http://www.bgpc.gov.cn/	协议供货
上海市	上海市政府采购网	上海市财政局	http://www.ccgp-shanghai.gov.cn/	协议供货
天津市	天津市政府采购网	天津市财政局政府采购处	http://www.tjgp.gov.cn/	协议供货
天津市	天津市政府采购中心	天津市政府采购中心	http://xygh.tjgpc.gov.cn/	协议供货
重庆市	重庆市政府采购网	重庆市财政局、重庆市政府采购中心	http://www.cqgp.gov.cn/	协议供货
黑龙江	黑龙江省政府采购网	黑龙江省财政厅	http://www.hljcg.gov.cn	协议供货
黑龙江	黑龙江省政府采购信息网	黑龙江省政府采购中心	http://www.ccgp-heilongj.gov.cn/hljcg/main.jsp	协议供货
吉林省	吉林省政府采购中心	吉林省政府采购中心	http://www.jlszfcg.gov.cn/	协议供货
辽宁省	辽宁省政府采购网	辽宁省财政厅	http://www.ccgp-liaoning.gov.cn/	协议供货
河北省	河北省政府采购网	河北省财政厅政府采购办公室	http://www.ccgp-hebei.gov.cn/zfcg/	协议供货 批量采购
河南省	河南省政府采购网	河南省财政厅	http://www.hngp.gov.cn/	协议供货

续表

评估对象	评估网站	网站归属	网站链接	采购模式
山东省	山东省政府采购网	山东省财政厅政府采购监督管理处	http://www.ccgp-shandong.gov.cn/	批量采购协议供货
山西省	山西省政府采购网	山西省财政厅	http://www.ccgp-shanxi.gov.cn/	协议供货
湖北省	湖北省政府采购网	湖北省财政厅	http://www.ccgp-hubei.gov.cn/	协议供货
湖南省	湖南省政府采购网	湖南省财政厅	http://www.ccgp-hunan.gov.cn:8080/	协议供货
安徽省	安徽省政府采购网	安徽省财政厅	http://www.ahzfcg.gov.cn/	批量采购
江苏省	江苏省政府采购网	江苏省财政厅	http://www.ccgp-jiangsu.gov.cn/	协议供货批量采购
浙江省	浙江省政府采购网	浙江省财政厅政府采购监管处、浙江省政府采购中心	http://www.zjzfcg.gov.cn/	协议供货
福建省	福建省政府采购网	福建省财政厅政府采购监督管理办公室	http://cz.fjzfcg.gov.cn/	协议供货批量采购
江西省	江西省政府采购网	江西省财政厅政府采购办	http://ggzy.jiangxi.gov.cn/jxzbw/zfcg/	批量采购协议供货
江西省	江西省公共资源交易网	江西省公共资源交易中心	http://ggzy.jiangxi.gov.cn/jxzbw/	批量采购协议供货
广东省	广东省财政厅网上办事大厅（政府采购系统）	广东省财政厅	http://www.gdgpo.gov.cn/	批量采购协议供货
海南省	海南省公共资源交易网	海南省公共资源交易服务中心	http://www.ggzy.hi.gov.cn/	协议供货
贵州省	贵州省政府采购网	贵州省财政厅政府采购管理处	http://www.ccgp-guizhou.gov.cn/home	协议供货

续表

评估对象	评估网站	网站归属	网站链接	采购模式
云南省	云南省政府采购网	云南省财政厅	http://www.yngp.com/	协议供货
四川省	四川省政府采购网	四川省财政厅	http://www.sczfcg.com/	批量采购
陕西省	陕西省政府采购网	陕西省财政厅	http://www.ccgp-shaanxi.gov.cn/	协议供货
青海省	青海省政府采购网	青海省财政厅政府采购监督管理处	http://www.ccgp-qinghai.gov.cn/	协议供货
甘肃省	甘肃省政府采购网	甘肃省财政厅	http://www.gszfcg.gansu.gov.cn/	协议供货
内蒙古自治区	内蒙古自治区政府采购网	内蒙古自治区财政厅	http://www.nmgp.gov.cn/	批量采购 协议供货
新疆维吾尔自治区	新疆维吾尔自治区政府采购网	新疆维吾尔自治区财政厅政府采购管理办公室	http://www.ccgp-xinjiang.gov.cn	协议供货
西藏自治区	西藏自治区政府采购网	西藏自治区财政厅	http://www.ccgp-xizang.gov.cn/	协议供货
广西壮族自治区	广西壮族自治区政府采购网	广西壮族自治区财政厅	http://www.gxzfcg.gov.cn/	批量采购 协议供货
宁夏回族自治区	宁夏政府采购公共服务平台	宁夏回族自治区财政厅	http://www.ccgp-ningxia.gov.cn/	协议供货

附件三 本次评估的地市级政府集中采购机构及其采购模式

省（自治区、直辖市）	地市级政府	评估网对象	网站归属	网站	采购模式
北京市	海淀区	北京市海淀区政府采购中心	北京市海淀区政府采购中心	http://hd.bidgov.cn/	协议供货
		北京市海淀区财政局	北京市海淀区财政局	http://czj.bjhd.gov.cn/gsgg/qt1/zfcg/zbgg/	协议供货
		北京市政府采购中心（协议供货）	北京市政府采购中心	http://www.bgpc.gov.cn/	协议供货
	朝阳区	北京市朝阳区政府采购网	北京市朝阳区财政局	http://cg.bjchy.gov.cn:16800/cyfb/news/art.do?method=index	协议供货
		北京市政府采购中心（协议供货）	北京市政府采购中心	http://www.bgpc.gov.cn/	协议供货
	延庆区	北京市延庆区政府网站	北京市延庆区人民政府	http://www.bjyq.gov.cn/zwxx/zfcg/zbgg/	协议供货
		北京市政府采购中心（协议供货）	北京市政府采购中心	http://www.bgpc.gov.cn/	协议供货

续表

省（自治区、直辖市）	地市级政府	评估网对象	网站归属	网站	采购模式
上海市	浦东新区	上海市浦东新区政府采购中心	上海市浦东新区政府采购中心	http：//www.shpd-procurement.gov.cn	协议供货
		上海市政府采购网（协议供货）	上海市财政局	http：//www.ccgp-shanghai.gov.cn	协议供货
	闵行区	上海市闵行区行政服务中心（公共资源交易网）	上海市闵行区行政服务中心	http：//ztb.shmh.gov.cn/	批量采购 协议供货
		上海市政府采购网（协议供货）	上海市财政局	http：//www.ccgp-shanghai.gov.cn/	批量采购 协议供货
	崇明县	上海市崇明县政府采购网	上海市崇明县财政局	http：//zfcg.shcm.gov.cn/net/index.jsp	协议供货
		上海市政府采购网（协议供货）	上海市财政局	http：//www.ccgp-shanghai.gov.cn	协议供货
天津市	滨海新区	天津市政府采购网	天津市财政局政府采购处	http：//www.tjgp.gov.cn/	协议供货
		天津市政府采购中心	天津市政府采购中心	http：//xygh.tjgpc.gov.cn/DOrderCG/Index.aspx	协议供货
	西青区	天津市政府采购网	天津市财政局政府采购处	http：//www.tjgp.gov.cn/	协议供货
		天津市政府采购中心	天津市政府采购中心	http：//xygh.tjgpc.gov.cn/DOrderCG/Index.aspx	协议供货
	红桥区	天津市政府采购网	天津市财政局政府采购处	http：//www.tjgp.gov.cn/	协议供货
		天津市政府采购中心	天津市政府采购中心	http：//xygh.tjgpc.gov.cn/DOrderCG/Index.aspx	协议供货

续表

省（自治区、直辖市）	地市级政府	评估网对象	网站归属	网站	采购模式
重庆市	渝北区	重庆市政府采购网	重庆市财政局、重庆市政府采购中心	http://www.cqgp.gov.cn/	协议供货
	九龙坡区	重庆市政府采购网	重庆市财政局、重庆市政府采购中心	http://www.cqgp.gov.cn/	协议供货
	城口县	重庆市政府采购网	重庆市财政局、重庆市政府采购中心	http://www.cqgp.gov.cn/	协议供货
黑龙江省	哈尔滨市	哈尔滨市政府采购网（新版）	哈尔滨市财政局	http://218.8.25.229:8003/xwzs!index.action	协议供货
		哈尔滨市政府采购网（旧版，打不开了）	哈尔滨市财政局政府采购办	http://www.hljcg.gov.cn/hljcg/index.jsp?id=01	协议供货
	齐齐哈尔市	齐齐哈尔市政府采购网（新版，无信息）	齐齐哈尔市财政局	http://218.8.25.229:8003/xwzs!index.action	协议供货
		齐齐哈尔市政府采购网（旧版，打不开了）	齐齐哈尔市财政局	http://www.hljcg.gov.cn/hljcg/index.jsp	协议供货
	七台河市	七台河市政府采购网（旧版，打不开了）	七台河市财政局	http://www.hljcg.gov.cn/hljcg/index.jsp	协议供货
吉林省	长春市	长春市政府采购网	长春市财政局	http://www.cczfcg.gov.cn/	协议供货
	吉林市	吉林市政府采购中心	吉林市人民政府	http://www.jlcity.gov.cn/jlscgzx/main/index.jsp	协议供货
	白山市（无网站）	白山市政府网站和财政局网站都公开了采购的信息，但信息不全			协议供货

续表

省（自治区、直辖市）	地市级政府	评估网对象	网站归属	网站	采购模式
辽宁省	沈阳市	沈阳市政府采购网	沈阳市财政局	http://www.ccgp-shenyang.gov.cn/	协议供货
	大连市	大连市政府采购网	大连市财政局	http://www.ccgp.dl.gov.cn/dlweb/?COLLCC=1265322849&	协议供货
	阜新市（无网站）	阜新市政府网有采购信息，但不全			协议供货
河北省	石家庄市	河北省政府采购网（站点切换石家庄）	河北省财政厅政府采购办公室	http://www.ccgp-hebei.gov.cn/zfcg/selectIndex.html?citycode=130000000-130100000&cityname=石家庄市	批量采购 协议供货
	唐山市	河北省政府采购网（站点切换唐山）	河北省财政厅政府采购办公室	http://www.ccgp-hebei.gov.cn/zfcg/selectIndex.html?citycode=130000000-130200000&cityname=唐山市	协议供货
	衡水市	河北省政府采购网（站点切换衡水）	河北省财政厅政府采购办公室	http://www.ccgp-hebei.gov.cn/zfcg/selectIndex.html?citycode=130000000-131100000&cityname=衡水市	协议供货
河南省	郑州市	郑州市政府采购网	郑州市财政局	http://zhengzhou.hngp.gov.cn/zhengzhou	协议供货
	洛阳市	洛阳市政府采购网	洛阳市财政局	http://luoyang.hngp.gov.cn/luoyang	协议供货
	鹤壁市	鹤壁市政府采购网	鹤壁市财政局	http://hebi.hngp.gov.cn/	协议供货

续表

省（自治区、直辖市）	地市级政府	评估网对象	网站归属	网站	采购模式
山东省	济南市	济南市政府采购网	济南市财政局政府采购管理处	http://www.ccgp-jinan.gov.cn/jngp/site/index.jsp	协议供货
	青岛市	青岛市政府采购网	青岛市财政局	http://zfcg.qingdao.gov.cn/index.html	批量采购协议供货
	莱芜市	莱芜市政府采购网	莱芜市财政局	http://zfcg.laiwu.gov.cn/goods/publish/index.jsp	协议供货
		山东省政府采购网	山东省财政厅政府采购监督管理处	http://www.ccgp-shandong.gov.cn/	协议供货
山西省	太原市	太原市政府采购中心	太原市政府采购中心	http://www.tyzfcg.gov.cn/	批量采购协议供货
	大同市	大同市政府采购中心	大同市政府采购中心	http://www.dtgpc.gov.cn/portal/netzfcg/index.aspx	批量采购协议供货
	阳泉市	阳泉市政府采购中心	阳泉市政府采购中心	http://zfcg.yq.gov.cn/index.html	协议供货
湖北省	武汉市	武汉市政府采购网	武汉市财政局	http://zfcg.whczj.gov.cn/ecdomain/framework/wuhan/index.jsp	协议供货
	宜昌市	宜昌市公共资源交易信息网	宜昌市公共资源交易管理办公室、宜昌市公共资源交易监督管理局、宜昌市公共资源交易中心	http://www.yczcb.com/ycsite/	协议供货

续表

省（自治区、直辖市）	地市级政府	评估网对象	网站归属	网站	采购模式
湖北省	恩施土家族苗族自治州	恩施州公共资源交易监督管理局（恩施州公共资源交易中心）	恩施州公共资源交易监督管理局、恩施州公共资源交易中心	http://www.eszggzy.cn/enshiweb/	协议供货
湖南省	长沙市	长沙市政府采购网	长沙市政府采购监督管理局	http://changs.ccgp-hunan.gov.cn:8717/index	协议供货
	岳阳市	岳阳市政府采购网	岳阳市财政局	http://yuey.ccgp-hunan.gov.cn/indexarea.cfm	协议供货
	张家界市	张家界市政府采购网	张家界市财政局	http://zjj.ccgp-hunan.gov.cn/indexarea.cfm	协议供货
安徽省	合肥市	合肥市公共资源交易中心	合肥市公共资源交易监督管理局、安徽省合肥市公共资源交易中心	http://www.hfzfcg.gov.cn/Hfzbtb/	批量采购协议供货
	芜湖市	芜湖市公共资源交易中心	芜湖市公共资源交易中心	http://www.whzbb.com.cn/whweb/	协议供货
	池州市	池州市公共资源交易网	池州市公共资源交易监督管理局	http://www.czztbj.cn/chiztpfront/	协议供货

续表

省（自治区、直辖市）	地市级政府	评估网对象	网站归属	网站	采购模式
江苏省	南京市	南京市政府采购网	南京市财政局	http://www.njgp.gov.cn/	协议供货
	苏州市	苏州市政府采购网	苏州市财政局	http://www.zfcg.suzhou.gov.cn/html/main/index.shtml	协议供货
	宿迁市	宿迁市政府采购网	宿迁市财政局	http://zfcg.suqian.gov.cn/	协议供货
浙江省	杭州市	杭州市政府采购网	杭州市财政局、杭州市地方税务局	http://cg.hzft.gov.cn/www/index.do	协议供货
	宁波市	宁波市政府采购网	宁波市财政局	http://www.nbzfcg.cn/index.aspx	协议供货
	舟山市	舟山市政府采购网	舟山市财政局	http://www.zszfcg.gov.cn/	批量采购 协议供货
福建省	福州市	福州市政府采购网	福州市财政局政府采购办	http://www.fzzfcg.gov.cn/	协议供货
	厦门市	厦门市政府采购网	厦门市财政局政府采购办	http://www.xmzfcg.gov.cn/	协议供货
	宁德市	宁德市政府采购网	宁德市财政局政府采购办	http://www.ndzfcg.gov.cn:7891/n/ndzfcg/index.do	协议供货

续表

省（自治区、直辖市）	地市级政府	评估网对象	网站归属	网站	采购模式
江西省	南昌市	南昌市政府采购网	南昌市财政局政府采购办	http://www.ncszfcg.gov.cn/	协议供货
	赣州市	赣州市政府采购网	赣州市财政局	http://www.gzzfcg.gov.cn/	协议供货
	鹰潭市	江西省政府采购网	江西省财政厅政府采购办	http://ggzy.jiangxi.gov.cn/jxzbw/zfcg/	协议供货
		江西省公共资源交易网	江西省公共资源交易中心	http://ggzy.jiangxi.gov.cn/jxzbw/	协议供货
广东省	广州市	广州市政府采购网	广州市财政局	http://www.gzg2b.gov.cn/	批量采购 协议供货
		广州市资源交易网（协议采购平台）	广州市公共资源交易中心	http://xygy.gzgp.org/OrderXinList.aspx	批量采购 协议供货
	深圳市	深圳市政府采购网	深圳市政府采购中心	http://www.cgzx.sz.gov.cn/	协议供货
	云浮市	广东省财政厅网上办事大厅——云浮市政府采购系统	广东省财政厅	http://yunfu.gdgpo.com/	协议供货
海南省	海口市	海口市政府	海口市人民政府	http://www.haikou.gov.cn/xxgk/szfbjxxgk/cztz/zfcg/cggg/	协议供货
	三亚市	三亚市政务中心公共资源交易网	三亚市人民政府政务服务中心	http://ztb.sanya.gov.cn/sanyaztb/Default.aspx	协议供货
	儋州市（无网站）	儋州市本级无政府采购网，政府门户网站未公开货物类采购信息，海南省政府采购网仅公开了儋州市2015年的33条招标公告信息，且仅有少数几条货物类的采购信息			协议供货

续表

省（自治区、直辖市）	地市级政府	评估网对象	网站归属	网站	采购模式
贵州省	贵阳市	贵阳市政府采购网	贵阳市公共资源交易中心	http://www.gygp.gov.cn/	协议供货
	遵义市	贵州省政府采购网	贵州省财政厅政府采购管理处	http://www.ccgp-guizhou.gov.cn/home	协议供货
	安顺市	安顺市公共资源交易网	安顺市公共资源交易中心	http://www.ggzy.anshun.gov.cn/	协议供货
云南省	昆明市	昆明市公共资源交易网	昆明市公共资源交易监督管理委员会办公室、昆明市公共交易中心	http://www.kmggzy.com/	协议供货
	曲靖市	云南省政府采购网	云南省财政厅	http://www.yngp.com/	协议供货
	怒江傈僳族自治州	云南省政府采购网	云南省财政厅	http://www.yngp.com/	协议供货
四川省	成都市	成都市公共资源交易服务中心	成都市公共资源交易服务中心	http://www.cdggzy.com/	批量采购
	绵阳市	绵阳市政府采购网	绵阳市政府采购中心	http://218.89.178.147/ceinwz/indexscmyzfcg.htm	批量采购
		四川省政府采购网	四川省财政厅	http://www.sczfcg.com/view/srplatform/portal/index.html	批量采购
	甘孜藏族自治州	甘孜藏族自治州政府网站	甘孜藏族自治州人民政府	http://www.gzz.gov.cn/10000/index.shtml	批量采购
		四川省政府采购网	四川省财政厅	http://www.sczfcg.com/view/srplatform/portal/index.html	批量采购

续表

省（自治区、直辖市）	地市级政府	评估网对象	网站归属	网站	采购模式
陕西省	西安市	西安市政府采购网	西安市财政局	http://www.xazfcg.gov.cn/	协议供货
	铜川市（无网站）	铜川市政府门户网站的采购信息很少，且陕西省政府采购网到铜川市的采购入口链接无效			协议供货
	榆林市（无网站）	榆林市政府门户网站的采购信息大多为工程类招投标，陕西省政府采购网到榆林市的采购入口链接无效，陕西省政府采购网也没有榆林市的专栏			协议供货
青海省	西宁市	青海省政府采购网	青海省财政厅政府采购监督管理处	http://www.ccgp-qinghai.gov.cn/ftl/jilin/dituIndex.html	协议供货
	海西蒙古族藏族自治州	青海省政府采购网	青海省财政厅政府采购监督管理处	http://www.ccgp-qinghai.gov.cn/ftl/jilin/dituIndex.html	协议供货
	果洛藏族自治州	青海省政府采购网	青海省财政厅政府采购监督管理处	http://www.ccgp-qinghai.gov.cn/ftl/jilin/dituIndex.html	协议供货
甘肃省	兰州市	兰州市公共资源交易网	兰州市公共资源交易中心	http://ggzy.lanzhou.gov.cn/	协议供货
		甘肃省政府采购网	甘肃省财政厅	http://www.gszfcg.gansu.gov.cn/	协议供货
	酒泉市	甘肃省政府采购网	甘肃省财政厅	http://www.gszfcg.gansu.gov.cn/	协议供货
	甘南藏族自治州	甘肃省政府采购网	甘肃省财政厅	http://www.gszfcg.gansu.gov.cn/	协议供货
		甘南藏族自治州公共资源交易网	甘南藏族自治州公共资源交易中心	http://www.gnggzyjy.com/	协议供货

续表

省（自治区、直辖市）	地市级政府	评估网对象	网站归属	网站	采购模式
内蒙古自治区	呼和浩特市	内蒙古自治区政府采购网	内蒙古自治区财政厅	http://www.nmgp.gov.cn/	协议供货
	包头市	包头市政府采购网	包头市财政局	http://www.btzfcg.gov.cn/	协议供货
	乌海市	乌海市公共资源交易中心	乌海市公共资源交易中心	http://www.whggzy.com/index!index.action	协议供货
新疆维吾尔自治区	乌鲁木齐市	乌鲁木齐市政府采购网	乌鲁木齐市财政局	http://www.ccgp-xinjiang.gov.cn/mos/cms/html/116/index.html	协议供货
	伊犁哈萨克自治州	伊犁州政府采购网	伊犁哈萨克自治州财政局	http://www.ccgp-xinjiang.gov.cn/mos/cms/html/119/index.html	协议供货
	克孜勒苏柯尔克孜州	克孜勒苏柯尔克孜州政府采购网	克孜勒苏柯尔克孜州财政局	http://www.ccgp-xinjiang.gov.cn/mos/cms/html/111/index.html	协议供货
西藏自治区	拉萨市	拉萨市公共资源交易中心（拉萨市公共资源交易信息网）	拉萨市住房和城乡建设局、拉萨市公共资源交易中心	http://www.lsggzy.cn/	协议供货
	日喀则市（无网站）	无政府网站，其他网站公布的日喀则市采购信息不全			协议供货
	林芝市（无网站）	政府门户网站无专栏发布采购信息，其他网站公布的政府采购信息也不全			协议供货

续表

省（自治区、直辖市）	地市级政府	评估网对象	网站归属	网站	采购模式
广西壮族自治区	南宁市	南宁市政府采购网	南宁市政府集中采购中心	http://www.purchase.gov.cn/	协议供货
	柳州市	柳州市政府采购网	柳州市财政局	http://www.zfcg.gov.cn/	协议供货
	贺州市	贺州市公共资源交易中心	贺州市公共资源交易中心	http://www.hzzfcg.com/v.1/	协议供货
宁夏回族自治区	银川市	银川市公共资源交易服务平台	银川市公共资源交易服务中心	http://www.ycsggzy.cn/	协议供货
	石嘴山市	石嘴山市政务服务中心（石嘴山市公共资源交易中心）	石嘴山市政务服务中心	http://www.szsggzy.cn/	协议供货
	固原市	固原市公共资源交易网	固原市公共资源交易中心	http://gysggzyjy.cn/	协议供货

附件四 关于做好政府采购信息公开工作的通知

财库〔2015〕135号

党中央有关部门，国务院各部委、各直属机构，全国人大常委会办公厅，全国政协办公厅，高法院，高检院，各民主党派中央，有关人民团体，各省、自治区、直辖市、计划单列市财政厅（局），新疆生产建设兵团财务局：

　　为深入贯彻落实党的十八届三中、四中全会精神，按照深化财税体制改革、实施公开透明预算制度的总体部署，根据《中华人民共和国政府采购法》、《中华人民共和国政府采购法实施条例》、《中华人民共和国政府信息公开条例》、《党政机关厉行节约反对浪费条例》等法律法规的规定，现就依法做好政府采购信息公开工作有关事项通知如下：

一 高度重视政府采购信息公开工作

　　公开透明是政府采购管理制度的重要原则。做好政府采购信息公开工作，既是全面深化改革、建立现代财政制度的必然要求，也是加强改进社会监督，提升政府公信力的重要举措，对于规范政府采购行为，维护政府采购活动的公开、公平和公正具有重要意义。《中华人民共和国预算法》、《中华人民共和国政府采购法实施条例》和《党政机关厉行节约反对浪费条例》从不同层面和角度提出了提高政府采购透明度、推进信息公开、加强社会监督的新要求，并确定了政府采购全过程信息公开的目标导向。各地区、各部门要依法公开政府采购项目信息，并按照财政预决算公开的要求，公布本单位政府采购预算安排及执行的总体情况，实现从采购预算到采购过程及采购结果的全过程信息公开。各地区、各部门要高度重视，充分认识政府采购信息公开工作的重要性和紧迫性，认真做好政府采购信息公开工作，将政府采购活动置于阳光之下，管好"乱伸的权力之手"。

二 认真做好政府采购信息公开工作

（一）总体要求。

建立健全责任明确的工作机制、简便顺畅的操作流程和集中统一的发布渠道，确保政府采购信息发布的及时、完整、准确，实现政府采购信息的全流程公开透明。

（二）公开范围及主体。

1. 采购项目信息，包括采购项目公告、采购文件、采购项目预算金额、采购结果等信息，由采购人或者其委托的采购代理机构负责公开；

2. 监管处罚信息，包括财政部门作出的投诉、监督检查等处理决定，对集中采购机构的考核结果，以及违法失信行为记录等信息，由财政部门负责公开；

3. 法律、法规和规章规定应当公开的其他政府采购信息，由相关主体依法公开。

（三）公开渠道。

中央预算单位的政府采购信息应当在财政部指定的媒体上公开，地方预算单位的政府采购信息应当在省级（含计划单列市，下同）财政部门指定的媒体上公开。财政部指定的政府采购信息发布媒体包括中国政府采购网（www.ccgp.gov.cn）、《中国财经报》（《中国政府采购报》）、《中国政府采购杂志》、《中国财政杂志》等。省级财政部门应当将中国政府采购网地方分网作为本地区指定的政府采购信息发布媒体之一。

为了便于政府采购当事人获取信息，在其他政府采购信息发布媒体公开的政府采购信息应当同时在中国政府采购网发布。对于预算金额在500万元以上的地方采购项目信息，中国政府采购网各地方分网应当通过数据接口同时推送至中央主网发布（相关标准规范和说明详见中国政府采购网）。政府采购违法失信行为信息记录应当在中国政府采购网中央主网发布。

（四）政府采购项目信息的公开要求。

1. 公开招标公告、资格预审公告。

招标公告的内容应当包括采购人和采购代理机构的名称、地址和联系方法，采购项目的名称、数量、简要规格描述或项目基本概况介绍，采购项目预算金额，采购项目需要落实的政府采购政策，投标人的资格要求，获取招标文件的时间、地点、方式及招标文件售价，投标截止时间、开标时间及地点，采购项目联系人姓名和电话。

资格预审公告的内容应当包括采购人和采购代理机构的名称、地址和联系方法；采购项目名称、数量、简要规格描述或项目基本概况介绍；采购项目预算金额；采购项目需要落实的政府采购政策；投标人的资格要求，以及审查标准、方法；获取资格预审文件的时间、地点、方式；投标人应当提供的资格预审申请文件的组成和格式；提交资格预审申请文件的截止时间及资格审查日期、地点；采购项目联系人姓名和电话。

招标公告、资格预审公告的公告期限为5个工作日。

2. 竞争性谈判公告、竞争性磋商公告和询价公告。

竞争性谈判公告、竞争性磋商公告和询价公告的内容应当包括采购人和采购代理机构的名称、地址和联系方法，采购项目的名称、数量、简要规格描述或项目基本概况介绍，采购项目预算金额，采购项目需要落实的政府采购政策，对供应商的资格要求，获取谈判、磋商、询价文件的时间、地点、方式及文件售价，响应文件提交的截止时间、开启时间及地点，采购项目联系人姓名和电话。

竞争性谈判公告、竞争性磋商公告和询价公告的公告期限为3个工作日。

3. 采购项目预算金额。

采购项目预算金额应当在招标公告、资格预审公告、竞争性谈判公告、竞争性磋商公告和询价公告等采购公告，以及招标文件、谈判文件、磋商文件、询价通知书等采购文件中公开。采购项目的预算金额以财政部门批复的部门预算中的政府采购预算为依据；对于部门预算批复前进行采购的项目,以预算"二上数"中的政府采购预算为依据。对于部门预算已列明具体采购项目的,按照部门预算中具体采购项目的预算金额公开;部门预算未列明采购项目的,应当根据工作实际对部门预算进行分解,按照分解后的具体采购项目预算金额公开。对于部门预算分年度安排但不宜按年度拆分的采购项目,应当公开采购项目的采购年限、概算总金额和当年安排数。

4. 中标、成交结果。

中标、成交结果公告的内容应当包括采购人和采购代理机构名称、地址、联系方式;项目名称和项目编号;中标或者成交供应商名称、地址和中标或者成交金额;主要中标或者成交标的的名称、规格型号、数量、单价、服务要求或者标的的基本概况;评审专家名单。协议供货、定点采购项目还应当公告入围价格、价格调整规则和优惠条件。采用书面推荐供应商参加采购活动的,还应当公告采购人和评审专家的推荐意见。

中标、成交结果应当自中标、成交供应商确定之日起2个工作日内公告,公告期限为1个工作日。

5. 采购文件。

招标文件、竞争性谈判文件、竞争性磋商文件和询价通知书应当随中标、成交结果同时公告。中标、成交结果公告前采购文件已公告的，不再重复公告。

6. 更正事项。

采购人或者采购代理机构对已发出的招标文件、资格预审文件，以及采用公告方式邀请供应商参与的竞争性谈判文件、竞争性磋商文件进行必要的澄清或者修改的，应当在原公告发布媒体上发布更正公告，并以书面形式通知所有获取采购文件的潜在供应商。采购信息更正公告的内容应当包括采购人和采购代理机构名称、地址、联系方式，原公告的采购项目名称及首次公告日期，更正事项、内容及日期，采购项目联系人和电话。

澄清或者修改的内容可能影响投标文件、资格预审申请文件、响应文件编制的，采购人或者采购代理机构发布澄清公告并以书面形式通知潜在供应商的时间，应当在投标截止时间至少15日前、提交资格预审申请文件截止时间至少3日前，或者提交首次响应文件截止之日3个工作日前；不足上述时间的，应当顺延提交投标文件、资格预审申请文件或响应文件的截止时间。

7. 采购合同。

政府采购合同应当自合同签订之日起2个工作日内

公告。批量集中采购项目应当公告框架协议。政府采购合同中涉及国家秘密、商业秘密的部分可以不公告，但其他内容应当公告。政府采购合同涉及国家秘密的内容，由采购人依据《保守国家秘密法》等法律制度规定确定。采购合同中涉及商业秘密的内容，由采购人依据《反不正当竞争法》、《最高人民法院关于适用〈中华人民共和国民事诉讼法〉若干问题的意见》（法发〔1992〕22号）等法律制度的规定，与供应商在合同中约定。其中，合同标的名称、规格型号、单价及合同金额等内容不得作为商业秘密。合同中涉及个人隐私的姓名、联系方式等内容，除征得权利人同意外，不得对外公告。

2015年3月1日以后签订的政府采购合同，未按要求公告的，应当于2015年10月31日以前补充公告。

8. 单一来源公示。

达到公开招标数额标准，符合《中华人民共和国政府采购法》第三十一条第一项规定情形，只能从唯一供应商处采购的，采购人、采购代理机构应当在省级以上财政部门指定媒体上进行公示。公示内容应当包括采购人、采购项目名称；拟采购的货物或者服务的说明、拟采购的货物或者服务的预算金额；采用单一来源方式的原因及相关说明；拟定的唯一供应商名称、地址；专业人员对相关供应商因专利、专有技术等原因具有唯一性的具体论证意见，以及专业人员的姓名、工作单位和职称；公示的期限；采购人、采购代理机构、财政部门的联系地址、联系人和联系电话。公示期限不得少于5个工作日。

9. 终止公告。

依法需要终止招标、竞争性谈判、竞争性磋商、询价、单一来源采购活动的，采购人或者采购代理机构应当发布项目终止公告并说明原因。

10. 政府购买公共服务项目。

对于政府向社会公众提供的公共服务项目，除按有关规定公开相关采购信息外，采购人还应当就确定采购需求在指定媒体上征求社会公众的意见，并将验收结果于验收结束之日起2个工作日内向社会公告。

（五）监管处罚信息的公开要求。

财政部门作出的投诉、监督检查等处理决定公告的内容应当包括相关当事人名称及地址、投诉涉及采购项目名称及采购日期、投诉事项或监督检查主要事项、处理依据、处理结果、执法机关名称、公告日期等。投诉或监督检查处理决定应当自完成并履行有关报审程序后

5个工作日内公告。

财政部门对集中采购机构的考核结果公告的内容应当包括集中采购机构名称、考核内容、考核方法、考核结果、存在问题、考核单位等。考核结果应当自完成并履行有关报审程序后5个工作日内公告。

供应商、采购代理机构和评审专家的违法失信行为记录公告的内容应当包括当事人名称、违法失信行为的具体情形、处理依据、处理结果、处理日期、执法机关名称等。供应商、采购代理机构和评审专家的违法失信行为信息月度记录应当不晚于次月10日前公告。

三 工作要求

（一）加强组织领导。各级财政部门、各部门、各单位要建立政府采购信息公开工作机制，落实责任分工，切实履行政府采购信息公开的责任和义务。省级财政部门要加强对本地区政府采购信息公开工作的指导和督促，指定并管理政府采购信息公开媒体，确保政府采购信息公开工作落到实处。

（二）落实技术保障。各级财政部门要及时做好相关信息系统和网络媒体的升级改造，创新信息公开方式，完善信息公开功能，提高政府采购信息公开的自动化水平，为政府采购信息公开和社会监督创造便利条件。中国政府采购网地方分网应当在2015年8月31日以前完成主要技术改造工作，确保合同公开等新的信息公开要求落到实处。

（三）强化监督检查。各级财政部门要将政府采购信息公开作为监督检查的重要内容，对采购人、采购代理机构未依法发布政府采购项目信息的，要依照《中华人民共和国政府采购法》第七十一条、第七十八条和《中华人民共和国政府采购法实施条例》第六十八条等规定追究法律责任。

（四）做好跟踪回应。各地区、各部门要主动回应信息公开工作中出现的情况和问题，做好预判、预案和跟踪，主动发声，及时解惑。各政府采购信息发布媒体要以高度负责的精神做好政府采购信息公开工作，及时、完整、准确地免费刊登信息。

财政部
2015年7月17日